KB181773

비정규 사회

비정규 사회
불안정한 우리의 삶과 노동을 넘어

1판1쇄 | 2015년 9월 18일
1판3쇄 | 2016년 12월 15일

지은이 | 김혜진

펴낸이 | 정민용
편집장 | 안중철
책임편집 | 윤상훈
편집 | 이진실, 최미정
본문일러스트 | 박수정

펴낸 곳 | 후마니타스(주)
등록 | 2002년 2월 19일 제300-2003-108호
주소 | 서울 마포구 양화로6길 19, 3층(서교동)
전화 | 편집_02-739-9929/9930 영업_02-722-9960 팩스_0505-333-9960

홈페이지 | www.humanitasbook.co.kr
이메일 | humanitasbooks@gmail.com
블로그 | humanitasbook.tistory.com
페이스북 | facebook.com/Humanitasbook
트위터 | @humanitasbook

인쇄 | 천일문화사_031.955.8083 제본 | 일진제책사_ 031.908.1407

값 14,000원

ⓒ 김혜진, 2015

ISBN 978-89-6437-235-7 04300
       978-89-90106-16-2 (세트)

이 도서의 국립중앙도서관 출판시도서목록(CIP)은 e-CIP홈페이지(http://www.nl.go.kr/ecip)와
국가자료공동목록시스템(http://www.nl.go.kr/kolisnet)에서 이용하실 수 있습니다.
(CIP제어번호: CIP2015023910)

비정규 사회

불안정한 우리의 삶과
노동을 넘어

김혜진 지음

후마니타스

일러두기

1. 단행본·정기간행물에는 겹낫표(『 』)를, 기사·발표문 제목에는 큰따옴표(" ")를,
   법령과 온라인 사이트에는 가랑이표(〈 〉)를 사용했다.
2. 법령명은 국가법령정보센터 표기를 따랐다.

차례

서문

　서울메트로에서 스크린 도어를 수리하던 노동자가 열차를 피하지 못하고 사망했다는 며칠 전의 소식이 떠올랐다. 젊은 비정규직이었다. 순간 눈물이 솟았다. 비정규직이라는 이유로 안전장치 하나 없이 죽음 앞에 방치된 그에게 부끄럽고 미안했다. 15년이 넘도록 비정규직 노동자의 권리를 위해 노력해 왔다고 생각했는데, 여전히 많은 이들이 죽음의 노동을 하고 있다. 바뀌지 않는 현실이 때로는 나를 무기력하게 만든다.

　그러나 아무리 현실이 어려워도 사람은 사람이다. 경쟁과 차별과 빈곤을 강요하는 사회에 살더라도, 사람들 사이에서는 배려와 이해와 연대가 피어난다. 나는 권리를 찾기 위해 싸우는 비정규직 노동자들에게서 그 마음을 보았다. 수백 일이 넘는 농성을 하고, 광고탑과 철탑 위에 올라가거나, 수십 일 동안 단식을 하고, 때로는 감옥에까지 가는 어려운 싸움을 하는 이들이, 고통 받는 다른 이들을 챙기고, 슬픔과 아픔에 함께 눈물 흘리며 힘을 나누는 모습을 보았다. 돈보다 사람이 중요하다는 가치를 공유하는 이들은 개개인으로는 한계가 많을지 모르지만, 함께할 때는 '인간'으로서 존엄해 보였다.

비정규직 노동자들이 왜 싸우는지를 알리고 싶었다. 우리 사회에서 비정규직이 되는 것은 능력의 문제가 아니다. 설령 내가 운이 좋아서 정규직이 되더라도 '비정규 사회'에 사는 한 약간의 허구적 우월감만 있을 뿐 불안함은 지속된다. 비정규 체제 안에 있는 우리 모두가 피해자들이다. '경제성장 신화'가 옳지 않다는 것을 많은 이들이 몸으로 느끼고 있다. 소득 3만 달러를 이야기하는 시대에 내 자존감을 갉아먹는 불안함이 바로 그 증거이다. 이제 이런 삶의 방식과 사회구조를 바꾸기 위해 노력할 때가 된 것이 아닐까? 이런 사회에서는 권리를 찾기 위해 싸우는 것이야말로 '인간됨'을 실현하는 유일한 길이라는 점을 말하고 싶었다. 이 책을 쓰게 된 이유이다.

권리를 위해 싸우는 비정규직 노동자들에게 늘 감사하다. 이 책을 쓰고자 마음먹은 것은 그들이 내게 전해 준 희망 때문이다. 그리고 늘 마음을 나누는 가족, 전국불안정노동철폐연대의 활동가들과 비정규직 없는 세상만들기 네트워크의 활동가들 덕분에 힘을 낸다. 이들과 함께 길을 걷는 것은 정말로 행복한 일이다.

이 책을 통해 많은 이들이 비정규 사회의 암울함과 절망이 아니라, 희망과 용기를 발견하기를 바란다. 그리고 그 희망을 만들어 가는 일에 더 많은 노동자들이 동참하게 되기를 바란다. 간절한 바람이다.

2015년 9월
김혜진

1부

비정규직 문제를 이해하기 위한 네 가지 질문

비정규직은 당연히 있을 수밖에 없고 고용 불안은 필연이며, 비정규 직이 되지 않으려면 열심히 노력해야 한다고 생각하는 사람들이 많다. 비정규직이 많아지는 것은 인정하면서, 어디까지나 남의 이야기 라고 여긴다. 비정규직을 정규직화해야 한다고 생각하지만 기업이 망하지 않을까 걱정하는 사람도 많다. 비정규직 문제에 대해 기업과 정부가 내세우는 주장들은 사실일까?

▶ 비정규직은 일부 사람들의 이야기일까?

▶ 비정규직이 된 것은 내 탓일까?

▶ 비정규직을 없애면 회사가 망할까?

▶ 비정규직을 그대로 두고 차별만 없앨 수 있을까?

비정규직은 일부 사람들의 이야기일까?

2014년 노동자의미래, 월담, 대구성서공단, 녹산노동자희망찾기, 전국불안정노동철폐연대, 사회진보연대 등이 모여 서울디지털산업단지와 반월·시화공단, 녹산공단, 대구성서공단에서 일하는 노동자들의 임금 실태를 조사한 적이 있다. 대다수가 잔업과 특근을 많이 하기 때문에 월평균 임금은 180만 원가량이었다. 조사 내용을 바탕으로 '공단 노동자들의 저임금 실태'에 대한 글을 기고했는데 해당 언론사에서 조용히 물었다. "월평균 임금이 180만 원이면 너무 많지 않아요? 이 정도를 '저임금'이라고 하면 독자들이 쉽게 납득하기 어렵지 않을까요? 잔업과 특근 모두 빼고 기본급으로만 넣으면 어떨까요?" 하고 말이다. 그 이야기를 들으면서 머릿속이 복잡했다.

'비정규직'이라고 하면 최저 생계비에도 못 미치는 저임금, 살인적인 장시간 노동, 모욕적인 차별을 떠올리게 된다. 언론에서도 비정규직의 극단적인 면을 드러내 왔고, 그럼으로써 비정규직 문제가 매우 심각한 수준에 이르렀다는 인식을 사회적으로 확산해 왔다. 그렇지만 이처럼 극단적인 사례에만 주목하면 비정규직 문제는 일부 사회적 약자의 문제일 뿐 보편적인 문제가 아니라고 여기게 되기 쉽다. 대다수의 사람들이 비정규직 문제를 자신과 무관한 것으로 치부하게 된다. 심각한 차별에 시달리면서 열악한 노동조건 아래 일하다가 불합리한 해고를 당한 비정규직 노동자들을 응원하고 그들의 싸움에 지지를 보내는 많은 이들이 자신보다 좀 더 나은 조건에서 일하는 비정규직의 싸움에는 불편한 감정을 표현하는 것 역시 비슷한 이유에서다. 하지만 과연 현실은 어떨까?

여기저기 비정규직

새벽에 집을 나선다. 현관에 걸린 주머니에서 요구르트와 우유를 꺼내 안에 넣어 둔다. 우유와 요구르트를 배달한 사람은 **특수 고용직**이다. 골목을 돌아다니며 쓰레기봉투를 수거하는 환경미화원을 만난다. 구청에서 직접 고용하지 않고 민간에 위탁한 **용역** 비정규직이다. 지하철역 앞에서 전단지를 돌리는 사람은 **일당직 아르바이트**이다. 지하철을 수리해 안전하게 타고 다닐 수 있게 돕는 지하철 정비 기술자의 상당수가 비정규직이다. 지하철을 청소하는 사람도 용역직이다.

지하철역을 나와 사무실로 향하다 길가로 눈길을 돌리니 누군가가 전신주에 매달려 전선을 수리하고 있다. 케이티에서 일하는 **도급** 비정규직이다. 사무실에는 **파견직** 직원들이 서류를 정리하고 있고, 지하에는 시설 관리 직원이 용역직으로 일하고 있다. 대형 할인 마트에 가면 카트를 운반하는 **일용직**, 계산대에 있는 **계약직 단시간 노동자**, 용역직 주차 요원, 물건 판매대 앞에 서있는 파견직 등이 보인다. 맨 꼭대기 층 문화 센터에는 에어로빅 강좌가 한창이다. 강사는 **기간제**로 계약하는 비정규직이다.

점심시간이면 정신없이 붐비는 식당에서 일하는 이들은 대개 일당직이다. 배달을 하는 단시간 노동자도 있다. 서둘러 점심을 해결하고 은행에 들른다. 빠른 창구에 있는 직원은 계약직이거나 **무기 계약직**이다. 창구 안쪽에서 상담 업무를 맡은 정규직들과 대비된다. 차례를 기다리는 동안 통신 요금 고지서를 확인하기 위해 콜센터에 연락하면 파견직 직원이 상냥하게 전화를 받는다. 다시 사무실로 돌아간다. 고장 난 복사기를 고치려고 방문한 애프터서비스 센터 직원은 특수 고용직이다. 거래처에 급히 서류를 보내려고 부른 퀵 서비스 기사도 마찬가지이다. 같은 사무실에서는 단시간 노동자가 음료를 나른다.

퇴근하는 길에 아이가 다니는 학교에 잠시 들른다. 행정실 직원 중에는 정규직도 있지만 나를 접대하는 서무과 직원은 기간제이다. 아이의 담임교사도 기간제이다. 통학 버스 운전기사들은 도급직이고, 아이의 급식을 챙기는 이들은 무기 계약직이다. 편의점에서 고

른 물건들을 계산하는, 젊지만 피곤해 보이는 청년은 **시간제 아르바이트**이다. 아파트에 도착하자 택배가 왔다면서 물건을 건네는 경비원은 용역직이다. 현관에 들어서니 둘째 아이를 가르치는 학습지 교사가 와있다. 그는 특수 고용 비정규직이다.

내가 만난 사람들 중에 정규직은 얼마나 있을까? 지하철 기관사, 대형 할인 마트의 관리직, 학교에는 교사 및 행정실장, 영양사 등이 있다. 그나마 사무직 가운데는 정규직이 눈에 많이 띄겠지만, 사무직 역시 점점 더 비정규직으로 대체되고 있다. 업종 자체가 이미 비정규직으로 채워져서 정규직을 아예 만날 수 없는 일자리도 많다. 이처럼 비정규직은 이미 우리 사회의 일상적인 모습이 되었다.

일하고 소비하고 즐기는 모든 공간에서 만나는 대다수의 사람이 비정규직이라는 것은, 일하는 사람들의 과반수가 열심히 일해도 항상 불안하고 제대로 대접받지 못한다는 뜻이다. 왜 그런가? 비정규직은 그들이 마땅히 누려야 할 권리를 갖지 못한 노동자이기 때문이다. 누군가는 노동자들에게 노동3권이 있다고 말한다. 또한 함부로 해고당하지 않고, 일정한 생활을 유지할 수준의 임금을 받을 권리도 있다고 한다. 그렇다. 그렇지만 비정규직 노동자들은 그런 권리를 누릴 수 없다. 비정규직으로 고용되면 권리를 부여하지 않아도 된다는 명확한 법률이 있는 것도 아니다. 비정규직 노동자들이 그와 같은 권리를 스스로 포기했을 리도 만무하다. 그렇다면 왜 그렇게 된 것일까? 왜 비정규직 노동자들은 자신의 권리를 제대로 행사할 수 없게 된 것일까?

그것은 비정규직 노동자들을 언제든 합법적으로 해고할 수 있기 때문이다. 고용 계약 기간이 정해져 있으므로, 기업은 언제든 '계약 해지'라는 이름으로 해고할 수 있다. 바로 이것이 비정규직 노동자가 제 목소리를 내지 못하게 하는 주요 원인이다. 그러므로 비정규직의 문제가 특별한 처지에 내몰린 이들에게만 해당되는 것이 아니라는 사실을 인식할 필요가 있다. 오늘날 대다수의 노동자가 비정규직이라는 이유만으로 당연하게 누려야 할 권리에 제한을 받고, 언제 해고될지 몰라 두려움에 떨며, 일상에서 벌어지는 차별을 감내하며 살아가고 있기 때문이다. 차별과 불안의 정도가 심해야 문제가 되는 것이 아니다. 차별과 불안 자체가 문제이다. 이제 그런 조건을 만드는 다양한 비정규직 고용 형태를 하나씩 살펴보자.

자유로운 해고, 기간을 정해 놓은 계약 : 기간제 및 단시간 노동

기간을 정해 둔 계약을 기간제 계약이라고 한다. 계약 기간이 끝나면 회사가 다시 채용할지를 결정한다. '계속 고용의 권리'가 회사에 있는 것이다. 물론 일자리 자체가 필요 없어진 것은 아니다. 누군가 그 일을 계속해야 하는 상황이라면 먼저 일해 왔던 이에게 우선권이 있어야 하지 않을까? 2015년 1월 대법원 판례(선고2012두18868 판결)에서는 "노동자가 계약직으로 일한다 하더라도 기간을 정한 것이 형식적인 것이어서 특별한 잘못을 하지 않는 이상 계속 고용될 것이라고 기대할 수 있다면, 계약 기간이 끝났다고 그 노동자를 해고하는 것이 잘못"이라고 해석했다. 그러나 현실은 그렇지 않다. 대부분의 계약직 노동자는 계약이 해지되어 해고되더라도 부당 해고로 인정받지 못한다.

비정규직 노동자들은 계약 만료일이 다가오면 마음이 무거워진다. 생활정보지의 구인란을 뒤적거리거나 관리자들의 눈치를 본다. 재계약 시기가 다가오면 회사는 실적을 강요한다. 높은 점수를 받아야 살아남는다는 것을 아는 노동자들은 동료들과 경쟁하고, 잔업과 특근도 마다하지 않으며, 쉬고 싶어도 월차를 쓰지 못한다. 어떻게 해서든 계속 일해야 하기 때문이다. 하지만 기대는 어긋난다. 계약을 해지하는 합리적인 이유를 설명하는 회사도 드물다. 당사자에게 "재계약되지 않았습니다."라는 한마디를 전하면 끝이다.

기간을 정해 놓고 계약하는 것에서 한발 더 나아가 단시간 고용을 하기도 한다. 우리나라에서 소정 노동시간은 하루 여덟 시간이다. 이보다 적게 일하는 사람들을 단시간 노동자라고 부른다. '점오 계약'(30분 단위 계약)으로 유명한 홈플러스의 노동자들이 여기에 속한다. 하루 여덟 시간이 기준인데 7.5시간으로 계약한 것이다. 그런데 실제로 7.5시간만 일하는 것도 아니다. 일을 시작하기에 앞서 준비해야 하고, 일이 끝나면 정리해야 하므로 결국 여덟 시간 일하는 사람들과 다르지 않은데 계약은 7.5시간이니 매일 30분치 임금을 덜 받는 셈이다. 정부가 주도해 도입하고 있는 '시간 선택제 일자리'가 이런 단시간 일자리이다. 정부는 하루 네 시간만 일하는 정규직

그림 1_ 공공 부문 시간 선택제 일자리의 비정규직 비율

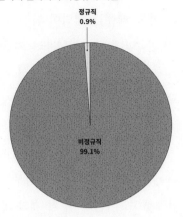

정규직
0.9%

비정규직
99.1%

주 : 시간 선택제를 가장 많이 활용한 상위 다섯 개 공공 기관(근로복지공단, 코레일유통㈜, 한국과학기술원, 한국도로
공사, 한국토지주택공사)의 4,080명을 대상으로 조사.
자료 : "공공부문 시간선택제일자리 실태보고서 1: 공공 기관", 『참여연대 이슈리포트』(2013/12/11).

일자리를 만들겠다고 했다. 하지만 '정규직 시간 선택제'라는 떠들
썩한 홍보가 무색할 정도로, 시간 선택제 노동자의 대부분이 계약
직 비정규직이었다.

2013년 12월 11일 참여연대 노동사회위원회가 공개한 "공공부
문 시간선택제일자리 실태보고서"에 따르면 시간 선택제를 가장 많
이 활용한 상위 다섯 개 공공 기관의 시간 선택제 일자리 4,080명
중 99.1퍼센트가 계약직이었다. 시간제 노동자들은 고용이 불안하
고 임금마저 적은 노동자들이다(〈그림 1〉 참조).

정부는 시간 선택제 일자리가 여성들에게 필요하다고 이야기한
다. 여성은 집안일도 하고 아이도 돌봐야 하니, 시간을 쪼개 짧은 시

간 동안 일하라는 것이다. 그러나 이는 사실과 다르다. 정부에서 시간 선택제 일자리를 만들 때에는 경력이 단절된 중년 여성을 위한 일자리라고 내세웠지만, 실제로는 청년 노동자들이 시간제 일자리로 고용될 가능성이 높다. 예를 들어 정부에서 채용하는 시간제 공무원이나 시간제 교사는 공채 인원 중 일부를 시간제로 전환한 것이다. 결국 전일제 일자리가 줄어든 만큼 경쟁률이 높아진 상황에서, 청년들은 어쩔 수 없이 시간제에 응시하게 된다.

기간제 고용에 따른 문제가 심각해지자 정부는 이들을 정규직으로 전환하겠다고 발표했고, 이른바 '무기 계약직'이라는 제도를 새롭게 만들었다. 무기 계약직은 기간을 정하지 않고 고용하는 직제를 의미한다. 정규직으로 전환하면 될 텐데 굳이 무기 계약직을 만들어 차별을 유지하고 고용을 불안정하게 만드는 셈이다. 전국교육공무직본부의 발표 자료인 "2014 학교 정규직과 비정규직의 월평균 임금 비교"를 보면, 한 학교의 9년차 무기 계약직 영양사는 같은 연차인 정규직의 절반 수준(55.9퍼센트)의 급여를 받는다. 무기 계약직이지만 처우는 비정규직인 것이다. 게다가 비정규직이라면 요구할 수 있는 '차별 시정 신청'이 무기 계약직에게는 해당되지 않는다. 법적으로는 비정규직이 아닌 것으로 분류되기 때문이다. 그렇다고 정규직처럼 고용이 보장되는 것도 아니다. 정부의 무기 계약직 관리 지침에 보면 '갑'인 정부의 사정에 따라 일방적으로 계약을 해지할 수 있게 되어 있다. 공공 부문뿐만 아니라 민간 부문에서도 무기 계약직은 성과에 따라 해고할 수 있는 경우가 많다. 언제라도 해고될 수 있고 차별도 유지되는 무기 계약직은 '신종 비정규직'이다.

기간제 노동자를 정규직으로 전환하지 않기 위해 해고를 반복하며 교체 사용하게 해서는 안 된다. 단시간 정규직이라고 포장하면서 단시간 계약직을 늘려도 안 된다. 무기 계약직을 정규직이라고 부르면서 필요에 따라 언제든 해고할 수 있게 허용해서는 안 된다. 그 일자리가 계속 남아 있는 한, 노동자들을 함부로 교체해 사용하는 것은 노동권 침해로 이어진다.

권리는 누리면서 책임은 지지 않는 기업 : 간접 고용

앞서 이야기한 비정규직은 모두 회사에 직접 고용되어 있는 사람들이다. 이들보다 더 심각한 고용 불안과 저임금에 시달리고 있는 사람들이 간접 고용 비정규직이다.

우리가 구입하는 삼성전자 제품 가격에는 애프터서비스 비용이 포함되어 있다. 제품의 사후 관리를 책임질 주체는 삼성전자이다. 그런데 삼성전자는 삼성전자서비스라는 회사를 만들어 사후 관리를 담당하게 한다. 독자적으로 상품을 생산하거나 판매망을 갖추지도 못한 삼성전자서비스는 삼성전자에서 주는 일거리에 의존할 수밖에 없다. 심지어 삼성전자서비스에서 일하는 이들은 삼성전자서비스의 직원도 아니다. 이들은 삼성전자서비스가 일을 맡긴 또 다른 용역 업체 소속이다. 이렇게 사후 관리 책임이 전가되는 과정에서 삼성전자는 사후 관리 비용의 일부를 가져가고, 삼성전자서비스도 다시 도급 업체에 낮은 금액으로 일을 맡겨 일부를 가져간다. 용역 업체들도 이윤을 얻기 위해 서비스 기사들에게 낮은 임금을 지급한다. 2013년 삼성전자서비스 수리 기사였던 한 노동자가 "배가 고프다."라는 유서를 남기고 스스로 목숨을 끊은 사정이 이렇다.

2015년 서울여자대학교 청소 노동자들이 파업을 하자 학교 당국은 "우리는 책임이 없다."고 말했다. 이들이 용역 업체 소속일 뿐 대학교에 소속된 직원이 아니라는 이유였다. 하지만 이들의 노동으로 깨끗해지는 것은 서울여대이지 용역 업체 건물이 아니다. 서울여대는 용역 업체에 바로 전해보다 도급비를 낮게 책정했고, 용역 업체들은 임금을 깎아서 벌충하려 했다. 이에 맞선 파업이 시작되고 학생들과 지역 주민들이 연대하면서 임금은 유지되었지만, 비정규직 노동자들의 임금이 왜 낮을 수밖에 없는지를 보여 주는 상징적인 사건이었다.

인천공항은 2013년에 8년 연속 세계 공항 서비스 평가 1위로 선정되었다. 9년 연속 흑자에다 2013년 당기순이익 4천5백억 원을 기록한 공공 기관이 되기까지 인천공항에서 일하는 수많은 노동자들이 땀을 흘렸다. 그런데 이들 역시 인천공항에 고용된 것이 아니다. 인천공항에서 일하는 사람들 가운데 85퍼센트가 용역 업체에 소속되어 있다. 환경미화원, 경비 직원, 비행기와 승객을 연결하는 탑승교 직원, 보안 검색원 등 수많은 사람들의 소속 업체는 인천공항이 아니라 용역 업체이다. 이들 덕분에 인천공항이 세계 공항 서비스 평가에서 당당히 1위를 할 수 있었고 흑자를 낼 수 있었다. 하지만 그들이 노동조건 개선을 요구하자 인천국제공항공사는 자신의 소관이 아니기에 책임이 없다고 했다.

회사들이 직접 고용을 하지 않고 용역이나 사내 하청, 외주화, 분사 등을 통해 간접 고용을 하는 것은 비용을 절감하기 위해서다. 원청회사들은 도급 금액을 낮게 책정해 비용을 줄이는데, 공공 부문 업체들 또한 '제한적 최저가 낙찰제'를 통해 더 낮은 금액을 써낸 업체를 선택할 수 있으니 비용 절감이 수월해진다. 중간 업체들은 노동자 수를 줄이거나 임금을 최대한 낮추는 방식으로 이익을 남긴다. 간접 고용을 하게 되면 노동자들의 임금은 더 낮아지고, 인원은 더 줄어들며, 남은 이들은 더 많이 일해야 한다.

저임금에 시달린 노동자들이 노동조합을 만들어 노동조건을 개선하고 임금을 높이라고 요구하면 원청회사들은 책임이 없다고 발뺌한다. 우리나라 법에는 직접 고용한 회사의 사장만 사용자로서 의무를 이행하게 되어 있다. '바지 사장'을 내세워 노동자들을 고용한 원청회사는 노동법을 지킬 의무가 없다. 그러므로 임금 인상을 요구해도 교섭에 나서지 않고, 오히려 하청 업체들을 통해 노동자들을 내쫓을 수 있다. 심지어 하청 업체와 계약을 체결할 때 "노동조합이 파업할 경우 계약을 해지한다."라는 조항을 집어넣어 하청 노동자들의 파업권마저 빼앗는 경우도 있다. 용역, 외주, 분사, 아웃소싱, 사내 하청, 파견 등 다양한 이름으로 불리지만 간접 고용 노동자들의 처지는 모두 같다.

노동자는 노동자인데 노동자가 아닌 노동자 : 특수 고용

노동자임에도 노동자라고 부르지 못하는 이들이 있다. 일명 '특수 고용'이라고 불리는 사람들이다. 회사에 고용되어 일하지만 형식상 고용계약이 아니라 위탁계약 혹은 도급계약을 맺고 일한다. 따라서 이들은 자영업자로 분류된다. 해마다 회사와 계약을 맺고, 회사로 출근하며, 회사의 관리 감독을 받고, (비록 '임금'으로 불리지는 않지만) 수수료 혹은 도급비를 월급처럼 받는다. 그 회사에 소속되어 있어서 영업을 자유롭게 하지도 못하는 비정규직 노동자인데 이름만 그럴듯하게 '사장님'으로 불린다. 학습지 교사, 화물 기사, 덤프트럭 운전기사, 골프장 경기 보조원, 대리운전 기사, 퀵서비스 기사 등이 그런 사람들이다.

〈근로기준법〉과 〈노동조합 및 노동관계조정법〉(노동조합법)은 '노동자'에게 적용된다. 4대 보험 또한 (특례 가입 조항에 의거해 노동자가 아닌 이도 일부 가입할 수는 있지만) 대체로 노동자의 권리로 간주된다. 다시 말해 노동자로 인정받지 못하면 법적으로 보장된 권리에서 배제될 가능성이 높다. 〈근로기준법〉을 적용받지 못하고 최저임금을 보장받지 못한 채 건당 수수료 같은 성과급제 형태로 임금을 받다 보니, 임금이 생계비에 못 미치는 경우가 많다. 또한 계약이 1년 단위로 이루어져 회사 마음대로 계약을 해지하기도 한다. 노동자로 인정받지 못하니 해고되었을 때 '부당 해고' 소송을 할 수도 없다. 노동조합을 만들어 권리를 찾으려 해도 노동자가 아니니 노동조합을 인정받지 못한다. 마찬가지로 회사가 노동조합을 탄압해도 부당 노동행위가 되지 않는다.

기업들은 계절에 따라 수요 변동이 심할 때 노동자에게 책임을 떠넘기기 위해 특수 고용 계약을 하기도 한다. 에어컨 수리 기사들은 여름 한철이 성수기이고 겨울철이 비수기이다. 건당 수수료 체계로 임금 체계를 바꾸거나, 특수 고용 형태로 바꿔서 일한 만큼 임금을 지급하면 비수기의 인건비를 줄일 수 있다. 또 장비가 크고 유지 비용이 들어가는 업종도 특수 고용으로 바뀌었다. 콘크리트 회사들이 레미콘 차량을 운전하는 노동자들을 특수 고용으로 바꾸면, 노동자들이 그 큰 차를 사야 하니 차량 유지비나 기름 값을 노동자의 부담으로 떠넘길 수 있다. 학습지 회사들은 시장이 과열되고 경쟁이 치열해지자 노동자들이 알아서 영업하게 하기 위해 이들을 특수 고용으로 전환하고 영업량에 따라 임금을 책정했다. 노동자들은 더 많은 임금을 받기 위해 끝없이 경쟁할 수밖에 없었다.

그러다 보니 특수 고용 노동자들은 괴롭다. '비정규직만도 못한 노동자'라고 자조하기도 한다. 온갖 비용을 노동자가 감당하는데 도급비는 오르지 않는다. 생계를 유지하기 어려워 무리하게 많은 일을 하게 된다. 그러다가 다치기라도 하면 큰일이다. 산재보험조차 가입되어 있지 않은 경우가 많기 때문이다. 권리를 찾기 위해 노동조합을 만들려 해도 노동부는 신고필증을 내주지 않는다. 이미 설립된 노동조합의 권리마저 인정하지 않기에, 회사는 단체협약을 체결하지 않고 버티면서 노동자들을 탄압한다.

비정규직 '숫자'를 줄이고 싶은 정부

　누구나 비정규직 문제의 심각성을 인정한다. 정부도 그렇게 말한다. 그런데 정부는 비정규직을 줄이기보다는, 비정규직을 자유롭게 사용할 수 있게 하되 차별을 줄이는 방향으로 정책을 설계하려 한다. 그러다 보니 비정규직이 많은 현실을 감추고자 비정규직 통계를 줄이려 한다. 비정규직 문제는 몇몇 극단적 상황에 처한 약자의 문제일 뿐이며, 보편적인 현상이 아니라고 말하고 싶은 것이다. 그러니 통계도 제멋대로 만들고 되도록 비정규직 숫자가 적어 보이게 하는 마술을 부린다. 정부 통계와 현실 사이에는 큰 괴리가 있다.

　정부는 비정규직 비율이 30퍼센트대를 넘나든다고 이야기한다. 통계청이 조사하는 "경제활동인구조사 근로형태별 부가조사 결과"의 결론이다(〈그림 2〉 참조). 이 정도도 매우 많은 숫자이지만 노동계의 통계는 다르다. 김유선 한국노동사회연구소 선임연구원은 정부의 통계청 자료를 재분석했다. 그에 따르면 2014년 8월 기준으로 정부는 607만7천 명을 비정규직으로 집계한 반면, 노동계는 852만 명으로 보고 있다. 노동계에서는 이 수치에 특수 고용 및 간접 고용 노동자들이 포함되지 않았기에 실제로는 더 많은 이들이 포함되어야 한다고 판단한다(〈표 1〉 참조).

　각각 비정규직의 범위를 달리 규정하기 때문에 이런 차이가 발생한다. 정부는 고용 형태에 따라 노동자를 분류하는데 기간제와 단시간 노동자, 일용·파견용역·재택 노동자를 비정규직으로 분류한

그림 2_ 고용 형태별 노동자 구성

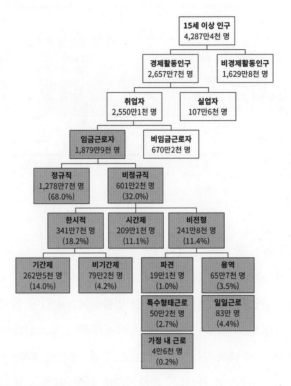

주 : 노동계가 규정하는 비정규직 범위는 이와 다름.
자료 : 통계청, "2015년 3월 경제활동인구조사 근로형태별 부가조사 결과".

다. 노동자가 1년 이상 일을 하면 상용직으로 간주해 비정규직 통계
에서 빼기도 한다. 고용노동부는 자발적인 단시간 노동자들도 비정
규직 비율에서 빼야 한다고 주장한다. 1백만 명가량을 비정규직 통

표 1_ 비정규직 규모 추계 방식 (2014년 8월; 단위 : 천 명)

구분			본조사		소계
			상용	임시 일용	
부가 조사	설문 문항 없음	정형	④ 10,254 (54.6%)	① 2,598 (13.8%)	①+④ 12,852 (68.4%)
	한시, 시간제, 파견, 용역, 가내, 호출 근로, 특수 고용 형태	비정형	③ 1,811 (10.2%)	② 4,013 (21.4%)	②+③ 5,824 (31.6%)
소계			③+④ 12,165 (64.8%)	①+② 6,611 (35.2%)	18,776 (100.0%)

주 : 노동사회연구소 '비정규직' = ①+②+③ ; 고용노동부 등 '비정형 근로' = ②+③ ; 통계청 '임시 일용' = ①+②
자료 : 『매일노동뉴스』(2014/12/09).

계에서 더 줄이려고 하는 것이다.

이런 정부가 비정규직 숫자를 늘릴 때도 있었다. 2007년 〈기간제 및 단시간근로자 보호 등에 관한 법률〉(기간제법)이 시행된 지 2년 뒤인 2009년, 정부는 1백만 명의 비정규직이 해고된다면서 호들갑을 떨었다. 그때까지는 반복적으로 고용 계약이 되는 사람들은 비정규직이 아니라고 하더니, 갑자기 2년 동안 일한 노동자들은 비정규직이며 곧 해고될 테니 심각한 문제라고 한 것이다. 비정규직을 걱정한 발언으로 보기는 어려웠다. 〈기간제법〉에 따르면 2년이 지난 노동자는 정규직으로 간주된다. 그런데 기업들은 이들을 정규직으로 전환하지 않으려고 2년이 되기 직전에 해고하고 있었다. 정부는 이를 빌미 삼아, "2년 조항으로 인해 비정규직 해고 문제가 심각해졌으니 2년이 지나면 정규직으로 전환해야 한다는 조항을 없애자."고 나선 것이다. 2년이라는 제한을 두지 말고 아무런 조건 없이 기업들이 원할 때 자유롭게 해고할 수 있게 하자는 말과 다름없었다. 이것이 '백만 해고 대란설'이 유포된 맥락이었다.

정부가 주장한 대로 1백만 명이 해고되지는 않았다. 그렇다고 정부의 주장이 거짓인 것도 아니다. 1백만 명의 노동자 가운데 상당수는 2년이 되기 직전이 아니라 이미 그 전에 해고되었다. 소리 소문 없이 해고되고 일자리를 찾아 헤맨 끝에 다시 새로운 계약직 일자리를 찾아들어 간 것이다. 계약직을 자유롭게 사용할 수 있게 허용한 〈기간제법〉의 효과였다. 비정규직 문제를 해결할 주체인 정부가 필요에 따라 자의적으로 통계를 늘리거나 축소할 뿐 별다른 대응을 하지 않는 것은 사회 전체에 불행한 일이다.

비정규직 통계를 내는 것은, 언제라도 해고될 수 있고 정규직에 비해 차별받고 있는 노동자들을 파악하기 위해서다. 이를 통해 비정규직이 잘못된 차별 관행과 고용 불안정에 시달리지 않게 대책을 마련할 수 있기 때문이다. 그래서 '고용이 보장되어 있고 임의로 차별받지 않는 노동자'를 제외한 나머지를 비정규직으로 간주해야 정책의 사각지대를 줄일 수 있다. 무기 계약직이더라도 차별이 계속되고 언제라도 해고될 수 있다면 비정규직으로 봐야 한다. 여러 해에 걸쳐 계약했더라도 언제든 일방적으로 계약이 종료될 수 있다면 비정규직이다. 정규직으로 고용계약을 맺었더라도 용역 업체의 노동자들은 원청회사와 하청 업체의 계약이 만료되는 즉시 해고될 수 있다. 이를 정규직이라고 보기는 어렵다. 자영업자로 간주되는 특수 고용도 비정규직이다.

노동계에서 이미 비정규직 비중이 50퍼센트가 넘었다고 하는 것은 비정규직이 많다고 과장하기 위해서가 아니다. 오히려 이 통계에 잡히지 않는 비정규직이 더 많다고 판단한다. 비정규직 통계가 가능한 한 현실에 부합해야만 일방적으로 계약이 해지되거나 계약 해지를 빌미로 차별받는 이들의 처지를 드러내서 문제를 해결하고, 노동권 행사에 제약이 가해지는 문제를 해결하는 데 도움이 될 수 있다. 그러나 현재 정부의 통계 방식으로는 비정규직 노동자가 많아지고 살기 힘들어지는 현실을 제대로 반영하지 못한다.

비정규직은 일부의 문제가 아니다. 사회적 약자의 문제도 아니다. 우리 사회를 구성하고 있는 모두의 문제이다. 지금은 비정규직이 아니더라도, 불안정한 사회에서는 누구나 비정규직이 될 수 있다. '비정규직 문제'는 우리 사회가 이윤을 최우선 가치로 여기고, 일하는 사람의 권리와 존엄을 하찮게 여기는 곳임을 적나라하게 보여 준다. 고용 형태를 빌미로 모두가 누려야 할 권리를 빼앗고 침묵하게 만드는 비정규직 문제는 사회구조의 문제이다.

비정규직이 된 것은 내 탓일까?

　지금도 도서관은 공부하는 사람들의 열기로 가득하다. 취업 준비생들은 '취업 재수'를 해가면서도 정규직으로 취업하려 한다. 취업 포털 〈커리어〉의 조사에 따르면, 구직자들은 기업의 규모보다 정규직 여부에 더 큰 관심을 갖는다. 대기업과 공기업의 비정규직과 중소기업 및 벤처기업 정규직에 모두 합격했다면 3분의 2 정도가 정규직으로 취업하겠다고 한다. 아무리 기업의 규모가 커도 비정규직으로는 가고 싶지 않다는 것이다.

　그런데 정규직 취업의 좁은 문을 통과하지 못한 사람은 열심히 공부하지 않아서 그렇게 된 것일까? 게을리 살거나 노력하지 않았기 때문에 비정규직이 되었을까? 비정규직이 당하는 차별과 저임금은 감수해야 하는 것일까? 대부분의 비정규직은 이 말에 고개를 저을 것이다. 열심히 살았고 땀 흘려 일했고 힘들게 공부했는데 비정규직의 굴레를 벗어나지 못했고, 앞으로도 벗어날 가능성이 거의 없는 이들에게 '네 탓'이라고 쉽게 단정해서는 안 된다. 게다가 앞으로 살펴보겠지만 비정규직이 된 것은 내 탓이 아니고 내가 감내할 일도 아니다.

비정규직으로만 신규 채용하는 기업들

정규직이 되기 위해 최선을 다해 노력하는데 바늘구멍 같은 정규직 일자리는 점점 줄어들고 있으니 그 노력은 쓸모없는 것이 되고 있다. 매일경제와 한국개발연구원KDI이 2013년 8월 기준 경제활동인구 부가 조사 데이터를 공동 분석한 결과를 보면, 3백 명 이상 고용 대기업의 정규직 신규 채용률은 5퍼센트에 불과하다. 여기서 '신규 채용률'이란 그 회사의 전체 노동자 중에서 1년 미만 근속자 비율을 가리킨다. 고용 여력이 가장 큰 대기업이 정규직 신규 채용을 하지 않으니 대학을 졸업하고 아무리 '스펙'을 쌓아도 정규직으로 취업하기는 어려운 형편이다. 김두순 한국고용정보원 전임연구원이 통계청 자료를 활용해 분석한 자료인 "청년층 첫 일자리 진입 행태"를 보면 졸업한 뒤 얻은 첫 일자리의 계약 기간이 '1년 이하'인 비중은 2006년 8.7퍼센트에서 2013년 21.2퍼센트로 증가했다. 정규직 취업이 점점 어려워지고 있는 것이다(〈그림 3〉 참조).

정부가 청년 취업난을 해결한다고 하면서 공공 기관 청년 인턴

그림 3_ 학교 졸업 후 처음 얻은 일자리의 계약 기간이 1년 이하인 비중

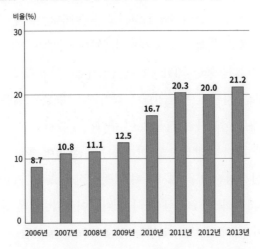

주 : 고교 및 대학 졸업 후 처음 얻은 일자리의 계약 기간이 1년 이하인 사람이 전체 청년층(만 15~29세)의 일자리에서
    차지하는 비중.
자료 : 김두순, "청년층 첫 일자리 진입 행태 분석", 『고용동향 브리프』(한국고용정보원, 2014/05)에서 〈표 2〉를 참조
    해 새로 작성.

제도를 만들었지만, 2011년 청년 인턴 중 정규직이 된 사람은 12.8
퍼센트였다. 2009년에는 3.1퍼센트, 2010년에는 4.0퍼센트였으니
획기적으로 늘어났다고는 하나, 청년 인턴 제도는 처음부터 정규직
채용을 위한 제도가 아니라 청년 실업률을 낮추는 임시방편이었을
뿐이다.

공공 기관을 포함해 대다수 기업이 정규직을 채용하지 않기 때문
에 비정규직이 늘어나고 있다. 현대자동차 공장 정규직 노동자들의
평균연령은 이미 40세가 넘었다. 대표적인 공공 기관인 한국철도공

사(코레일)의 노동자 평균연령도 40세가 넘는다. 신규 채용을 하지 않으니 젊은 노동자들이 들어오지 않는 것이다. 물론 철도공사나 현대자동차 공장에 젊은 노동자들이 없는 것은 아니다. 다만 이들은 비정규직이다. 공공 기관이든 민간 기업이든 대규모 신규 채용이 없어서 노동자들의 평균연령이 높아지는 현상은 젊은 노동자들의 앞날이 매우 어둡다는 것을 보여 준다.

1990년대 중반 세계적으로 신자유주의 물결이 몰아치면서 한국 기업들도 '신경영전략'을 내세우며 비정규직을 늘리기 시작했다. 우선 용역화·외주화·아웃소싱·분사가 이루어졌다. 쉽게 말해 기업의 일부를 떼어 내서 새로운 업체를 설립하고 노동자들을 그 업체로 보낸 것이다. 그런데 새로 만들어진 업체는 자생력 없이 기존 원청 회사에서 주는 도급 금액에 의존해야만 유지된다. 그러다 보니 새로운 업체로 넘어간 노동자들은 낮은 임금을 받고 나쁜 노동조건에서 일하게 된다. 물론 노동자들을 용역이나 외주, 아웃소싱 업체로 넘길 때는 좋은 이야기로 불만과 우려를 무마시킨다. 적어도 3년간은 고용을 보장하고 노동조건도 예전 원청회사에서 보장하던 대로 따르겠다고 약속한다. 하지만 3년이 지난 뒤 원청회사는 새로 만들어진 업체의 도급 금액을 대폭 낮춘다. 그러면 용역이나 외주화된 업체의 입장에서는 높은 임금을 지불할 수 없으므로, 노동자들에게 회사를 그만두거나 낮은 임금을 수용하라고 요구하게 된다. 노동자들은 울며 겨자 먹기로 낮은 임금을 수용하거나 일을 그만둔다. 그렇게 생긴 일자리는 낮은 임금의 비정규직으로 채운다. 비정규직은 점점 늘어난다.

용역화나 외주화는 이른바 '비핵심 업무'부터 시작한다. 청소 노동자들도 처음에는 정규직으로 고용되었으나 비핵심 업무라는 이유로 1980년대 후반부터 용역으로 전환되었고, 시설 관리 노동자들도 용역이 되었다. 처음에는 그렇게 큰 문제가 아니었을 것이다. 극히 일부의 '비핵심 업무'가 외주화되었을 뿐이라고 여겼을 테니 말이다. 그런데 1990년대 중반 이후 상황이 달라졌다. 정부마저 외주화 가능 업무를 점점 넓혀 이제는 핵심 업무까지 외주를 주고 있다. 자동차 대공장은 직접 생산 공정에 사내 하청이 들어왔고, 한국철도공사 등의 공기업은 유지·보수를 하는 중요한 업무에도 용역 업체가 들어와 있다. 병원에서도 환자 급식, 전산 업무 등 점점 외주로 대체되는 영역이 늘어난다.

외주·용역만이 아니다. 기업들은 신규 채용을 할 때 계약직을 뽑는다. 예전에는 수습 기간이 3개월에 불과했는데 이제는 계약직으로 몇 년간 일하는 것이 통과의례처럼 되어 버렸다. 이 중에서도 아주 운이 좋아야 정규직이 되고 대부분은 2년이 되기 전에 해고된다. 2년이 될 때까지 남아 있는 얼마 안 되는 계약직 노동자 가운데 극히 일부만이 정규직으로 전환될 뿐 나머지는 계속 비정규직으로 일하거나 외주화되거나 해고된다. 이때 정규직 전환도 '무기 계약'이라는 왜곡된 고용 형태로 전환되기 일쑤이다. 비정규직이 정규직이 되기란 하늘의 별 따기이다.

업종 가운데는 승자 독식 구조가 발달한 나머지 대부분이 비정규직이고 일부 노동자만 살아남는 곳도 있다. 문화·예술 산업이 대표적이다. 영화가 만들어지려면 많은 스태프가 필요하다. 배우 한 명의 연기력이나 감독의 연출력만으로 좋은 영화가 만들어지는 것이 아니다. 그럼에도 대부분의 영화 스태프들은 비정규직으로 일하면서 임금도 제대로 받지 못한다. 대다수는 생존의 고통에 시달리고 승리한 몇 명만이 모든 권리를 차지하는 구조에서 견뎌 낼 수 있는 사람은 결코 많지 않다. 그런데 우리 사회가 점점 그렇게 변해 가고 있다.

비정규직이 아니면 아예 일자리를 구할 수 없는 업종도 있다. 청소 업무를 수행하는 정규직을 찾아보기 어렵다. 1990년대 후반까지만 해도 정규직 청소 노동자들이 꽤 남아 있었다. 하지만 기업들이 비정규직을 늘리면서 가장 먼저 외주·용역화된 이들이 청소 노동자였다. 시설 관리 노동자도 마찬가지이다. 시설 관리 업종에서 전기 일을 하는 한 노동자는 고3 때 다른 아이들이 수능 공부를 할 동안 죽을 힘으로 공부해 전기 자격증을 땄다고 했다. 누구보다 열심히 했다고 자부했다. 하지만 사회에 나와 보니 그 자격증을 들고 구할 수 있는 일자리는 비정규직뿐이었다. 시설 관리는 이미 대부분 용역이었던 것이다.

대기업들은 더 많은 이윤을 얻기 위해 비정규직 일자리를 늘리지만, 중소·영세 기업들은 살아남기 위해 비정규직을 쓸 수밖에 없다고 말한다. 우리나라 제조업은 대기업을 중심으로 대다수 중소·영세 기업이 하청 계열화되어 있다. 서비스 유통산업도 대기업 하청 업체나 프랜차이즈 업체가 대다수를 차지한다. 대기업들은 세계경제 전망이 불확실하다는 이유로 장기적인 투자를 외면한 채 단기적인 이익을 높이려고 한다. 그러다 보니 하청 업체에 단가를 인하하라는 압력을 행사하거나 프랜차이즈 점주들을 쥐어짠다. 중소기업이 기술을 개발해서 생산 단가를 낮추면 곧바로 납품 단가를 줄인다. 이에 불만을 표시하면 다른 업체에 일감을 주겠다고 협박하기도 한다. 어쩔 수 없이 낮은 단가를 받아들인 중소기업들은 조금이라도 이윤을 남기고자 비정규직을 채용하고 임금을 낮추게 된다.

이럴 경우 중소·영세기업도 피해자라고 볼 수 있을 것이다. 하지만 이 기업들의 경영자들도 자신의 이윤만은 포기하려 들지 않는다. 피해를 짊어지는 것은 그 작은 업체에서 일하는 이들이다. 우리나라는 기업 규모가 작을수록 비정규직 고용 비율이 높다. 중소기업중앙회에 따르면, 제조업 기준으로 대기업의 1인당 임금을 1백으로 보았을 때 중소기업의 임금수준은 이미 2000년에도 55.5에 불과했으나 2010년에는 46.9까지 떨어졌다. 2014년에는 40.7이었다. 중소기업 노동자의 임금은 대기업과 비교해 절반도 되지 않았다. 그만큼 작은 기업에 대한 대기업의 압력이 크고, 일하는 사람들이 노력한 성과를 대기업이 가져가고 있다. 중소·영세 사업장의 비정규직 증가는 어쩔 수 없는 현상이 아니라, 대기업 중심으로 하청 계열화되어 있는 구조에 따른 문제이다.

앞장서서 비정규직을 늘리는 정부

기업의 탐욕이 강해질수록 결국 일하는 사람들의 삶을 집어삼키게 된다. 이미 비정규직 비율이 절반을 넘어선 현실이 이를 증명한다. 이런 상황에서 기업을 잘 규제해 삶이 훼손되지 않게 하는 것이 정부의 역할이다. 그런데 한국 정부는 비정규직이 늘어나는 것을 규제하기는커녕 비정규직 채용을 합리화할 방안을 모색하는 데 골몰했다. 그리고 공공 부문에서도 비정규직을 많이 사용해 왔다.

정부는 '공공 부문 구조 조정'이라는 이름으로 1998년부터 2000년까지 3년에 걸쳐 공기업 인력의 25퍼센트에 달하는 4만1,700명을 감원했다. 정부 산하 기관도 2001년까지 정원의 25퍼센트인 2만 명을 감축했다. 지자체에서도 20.6퍼센트에 이르는 인원이 감축되었다. 이처럼 대규모로 인원을 감축한 뒤 2001년부터는 상시적 구조 개혁 시스템을 마련했다. 정부가 요구하는 구조 조정이 제대로 이루어지지 않을 경우 예산을 통제했다. 그 결과 공공 부문에서는 부족한 예산으로 인력을 채용해야 했기에 주로 비정규직을 늘려 왔다. 그렇게 늘어난 일자리의 노동조건이 좋을 리 없었다.

2003년 근로복지공단 비정규직 노동자 이용석 씨가 분신했다. 비정규직 노동자들이 노동조합을 만들고 노동조건 개선을 위해 파업을 시작한 첫날이자, 전국비정규노동자대회가 열린 날이었다. 이 사건을 계기로 공공 부문 비정규직의 실태가 세상에 알려졌고, 2004년 정부는 정규직화와 노동조건 개선 방안을 포함한 '1차 공공 부문 비정규 대책'을 내놓았다. 그런데 이 대책의 한계는 분명했다. 상시 위탁 집배원의 정규직화는 이미 노동자들이 꾸준히 요구해 노사 합의까지 이루어진 사항이었다. 학교급식을 담당하는 영양사를 공무원 정원 확대를 통해 정규직화하는 정책은 오히려 계약직 영양사들의 고용을 불안정하게 했다. 물론 공공 부문 비정규 대책으로, 상시 업무에서 일하는 비정규직의 노동조건은 어느 정도 개선되었고, 실질적인 정규직화가 이루어지기도 했다. 그렇지만 정부가 여전히 인력과 예산을 통제하고 있기 때문에 정부 기관들은 비정규직 채용을 지속했다.

2006년 정부는 '2차 공공 부문 비정규 대책'을 내놓았다. 상시 업무를 정규직으로 전환한다는 내용이었지만 실제로는 '정규직'이 아닌 '무기 계약직'으로 전환하는 방식이었다. 무기 계약직이란 기간을 정하지 않고 고용하지만, 정규직과는 다른 직군을 부여하고, 임금과 노동조건을 낮은 수준으로 유지하는 방안이었다. 공공 부문의 무기 계약직 노동자들은 호봉제도 적용되지 않는 경우가 많았다. 그리고 임금 인상을 위한 예산을 편성하지 않았기 때문에, 복지 혜택은 몇 가지 늘어났을지 모르지만 정규직에 비해 여전히 절반에 못 미치는 임금격차는 줄어들지 않았다. 게다가 '기간의 정함이 없는 고용'이라 했음에도 언제든 해고가 가능했다. 가령 무기 계약직 노동자들의 평가 점수가 낮거나 업무 조정 및 통폐합에 따라 일이 없어지면 일방적으로 해고할 수 있게 한 것이다.

이에 더해 '합리적 외주화 기준'을 마련한다는 명목으로 핵심 업무를 외주화하거나 민간에 위탁할 길을 열어 놓았다. 앞서 말했듯이, 1990년대 말부터 공기업의 업무를 외주화하거나 하청을 주는 일이 많아졌으나 외주화는 비핵심 업무에 국한한다는 생각이 강했다. 그러던 것이 2000년대 중·후반부터는 업종을 가리지 않고 외주화가 늘어나고 있다. 철도공사의 경우 승무 업무는 매우 중요하다. 고속으로 달리는 열차에서 승객들의 안전을 책임지는 핵심 업무이기 때문이다. 하지만 이조차 외주화되었다. 철도공사의 자회사인 코레일관광개발과 업무 위탁계약을 체결해 승무원을 위탁받고 있는 것이다. 이는 정부가 2차 공공 부문 비정규 대책에서 내건 합리적 외주화 기준에 따라 핵심 업무도 외주 위탁을 할 수 있게 했기 때문이다.

이명박 정부 시기에는 상시 업무에서 2년 이상 일한 비정규직을 자동적으로 정규직 전환을 하는 대신에 일부를 선별해 무기 계약직으로 전환시켰다. 박근혜 대통령은 후보 시절 "2015년까지 공공 부문 비정규직을 없애고 정규직화하겠다."고 공약했으나 집권 두 달 만에 대폭 후퇴했다. 2015년까지 정규직이 아닌 무기 계약직으로 전환하는 것으로 내용이 바뀌었고, 전환 대상도 25만 명에서 6만5천 명으로 축소되었다. '고용률 70퍼센트'라는 목표를 달성하고자 시간 선택제라는 이름의 단시간 노동을 확대하기도 했다. 게다가 시간 선택제 노동자들을 정규직으로 채용하겠다고 했으나 대부분 계약직으로 채용되었다. 특히 공공 기관에 단시간 적합 직무를 개발하라고 요구했고, 각 기관은 중요하지 않다고 생각하는 업무들을 따로 빼내 단시간에 적합한 업무로 규정했다. 그 결과 단시간으로 일하는 노동자들은 한순간에 '중요하지 않는 일을 하는 사람'으로 간주되었다.

이 때문에 공공 부문에서는 무기 계약직, 기간제, 단시간 노동, 청년 인턴 등의 직접 고용 비정규직뿐만 아니라 민간 위탁, 외주화, 자회사를 이용한 고용 등의 간접 고용 비정규직이 한데 섞인 구조가 생겨났다. 앞서 말했듯이 정부가 한 기관의 임금 총액을 묶어 두는 총액 인건비 제도를 시행해 공공 기관에서 채용할 수 있는 정원을 관리한 탓에 기관들은 자유롭게 정규직 인원을 늘릴 수 없었다. 필요한 인원은 비정규직으로 채워졌다. 심지어 정부가 효율적인 인원 감축을 파악하는 경영 평가를 실시했기 때문에 공공 부문 기업들은 되도록 비정규직을 늘리고 정규직을 줄이려 애써 왔다.

기업들이 글로벌 경쟁에서 살아남는다는 명목으로 단기 이윤만을 노리는 상황에서 정부마저 비정규직을 앞장서서 채용하고 비정규직 채용을 장려하니, 기업들이 비정규직을 확대하지 않을 이유가 없다. 노동자들은 정규직으로 취업하고 싶어도 그러지 못하는 상황이 되고 있다.

여성이어서, 나이가 많아서, 어려서 비정규직

비정규직 일자리를 만드는 방법도 가지가지이다. 한국에서 여성은 정규직 일자리를 얻기가 더욱 어렵다. 첫 직장이 정규직 일자리였더라도 출산과 육아 탓에 일을 그만둔 여성이 다시 정규직 일자리를 얻기란 거의 불가능하다. 정부는 경력 단절 여성을 위한 일자리라면서 시간 선택제 일자리를 만들었고, 이를 고용이 보장되는 정규직 일자리가 되게 하겠다고 공언했다. 하지만 실제로는 공공 부문 중 시간제를 가장 많이 사용하고 있는 대다수의 기업에서 시간 선택제 노동자는 계약직으로 채용되어 있었다. 2013년 대기업 시간 선택제 채용박람회를 통해 시간 선택제 노동자를 고용한 대부분의 기업이 2년 계약 후 재계약하는 형태로 노동자들을 채용했다. 사실상 정규직이 아닌 것이다.

여성 비정규직 비율은 남성 비정규직의 1.5배에 달한다. 여성 노동자의 임금은 남성 노동자 임금의 60퍼센트에 불과하다. 〈남녀고용평등과 일·가정 양립 지원에 관한 법률〉(남녀고용평등법)이 시행되면서 남녀 간 임금 차별이 줄어드는 추세임에도 이렇게 임금격차가 많이 나는 것은 여성 노동자가 비정규직으로 일하는 경우가 많기 때문이다. 여성 비정규직 비율은 65퍼센트가량 된다. 아무리 노력해도 보육을 사회가 책임지지 않고, 재취업하려는 여성을 정규직으로 받아 주지 않으니 남는 일자리는 비정규직뿐이다. 특히 중년 여성이 많이 일하는 서비스 업종은 아예 비정규직만 뽑는 경우가 많다. 백화점이나 대형 할인 마트, 콜센터, 요양 보호사 등 여성이 집중적으로 고용되는 업종의 대다수가 이미 비정규직 일자리이다.

여성만 문제가 되는 것이 아니다. 나이가 많으면 정규직 일자리를 구하기 어렵다. 2013년 국회에서 일자리 정년을 60세로 늘리는 〈고용상 연령차별금지 및 고령자 고용촉진에 관한 법률〉(고령자고용법)이 통과되었다. 이제 한국 사람들의 평균수명이 80세가 넘어가는 상황에서 너무 일찍 퇴직하면 노후에 살아갈 방도가 없을뿐더러 젊은이들의 노인 부양 부담이 너무 커지니 정년을 연장하자는 사회적 공감대가 있었던 것이다. 그렇지만 그 노인들의 일자리는 비정규직이어도 된다는 생각이 팽배해 있다. 노인은 생계 보조 일자리이고, 이들에게 일자리를 주는 것은 '사회성을 유지하기 위해서'라는 것이다. 박근혜 정부는 노인 일자리를 늘리기 위해 55세 이상의 고령자에 한해 업종 제한 없이 자유롭게 파견할 수 있게 하겠다고 밝혔다. 파견은 중간착취도 심하고 원청회사의 법적 책임도 제한적이기에 노동자에게 매우 불리한 고용 형태이다. 그래서 〈파견근로자 보호 등에 관한 법률〉(파견법)에서도 32개 업종만 파견을 할 수 있고, 2년이 지나면 정규직으로 전환하도록 엄격하게 제한했던 것이다. 그런데 고령자에게 이런 제한을 없애겠다는 것은, 나이 많은 노동자들은 비정규직이어도 된다고 전제하는 셈이다.

지금은 모든 가족이 벌지 않으면 살아가기 어렵다. 노인들도 일하지 않으면 노후를 장담하기 어렵다. 통계청·금융감독원·한국은행에서 조사한 "2013 가계 금융·복지 조사"에 따르면 전체 가구의 빈곤율은 16.5퍼센트인데, 모든 가구원이 65세 이상 노인으로 이뤄진 노인 가구의 빈곤율이 67.3퍼센트로 가장 높았다. 그리고 삼성생명보험금융연구소에서 유엔 및 통계청 자료를 인용해 발표한 자료인 "주요국 은퇴소득 비교 및 시사점"을 보면, 2010년 기준으로 한국의 65세 이상 노인 가운데 일하는 비율은 29.3퍼센트에 이른다. 노인들은 일해야 먹고살 수 있지만 정작 이들의 노동은 중시되지 않는다. 그래서 노인들이 구할 수 있는 일자리는 비정규직뿐이다. 일해도 가난한 노인이 많아지는 이유이다.

나이가 적다고 사정이 다르지는 않다. 청소년 노동을 정당하게 인정하지 않는 사회 분위기 탓에 대다수 청소년 노동자의 노동은 '알바'로 취급된다. 실제로 청소년에게 허용된 일자리는 시급제 아르바이트 자리뿐이다. 청소년은 생계를 유지하기 위해 노동하는 것이 아니라는 논리가 받아들여지면서 이들을 불안정한 노동으로 내몬다. 더 많이 보호되어야 할 청소년의 노동이 오히려 보호의 사각지대에 놓여 있다. 2014년 고용노동부가 백재현 의원실에 제출한 자료에 따르면, 청소년들이 일하는 사업장에서 고용 관련 법을 위반한 사례는 69.2퍼센트였다. 그중에서 41.5퍼센트가 근로조건 서면 명시 및 교부를 위반했고, 11퍼센트가 최저임금에 미달했으며, 27.4퍼센트는 임금 체불이 있었다(〈그림 4〉 참조). 아르바이트 노동 현장은 저임금과 노동 착취가 만연한, 〈근로기준법〉의 사각지대인 셈이다. 청소년이 〈근로기준법〉을 제대로 알기 어렵다는 점, 그리고 잠시 일하는 곳이라고 여기는 점을 악용해 청소년 일자리를 비정규직으로 만들고 〈근로기준법〉조차 제대로 지키지 않는다.

이처럼 나이가 적어도, 나이가 많아도 비정규직이고, 여성이라서 비정규직이니 온통 비정규직 일자리뿐이다. 내가 열심히 노력하지

그림 4_ 청소년들이 일하는 사업장의 고용 관련 법 위반

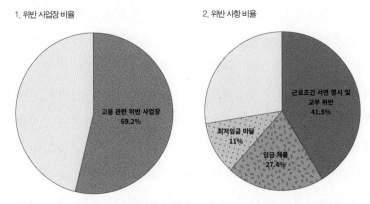

1. 위반 사업장 비율

고용 관련 위반 사업장
69.2%

2. 위반 사항 비율

근로조건 서면 명시 및
교부 위반
41.5%

최저임금 미달
11%

임금 체불
27.4%

자료 : 2014년 백재현 의원실에서 국회입법조사처에 의뢰해 고용노동부로부터 제출받은 자료.

않아서 비정규직이 된다는 말이 성립할 수 없다. 누군들 정규직으로 일하고 싶지 않을까? 노동자를 비정규직으로 내모는 것은 바로 비정규직을 양산하는 우리 사회이다.

고용 없는 성장의 시대, 비정규직은 내 탓이 아니다

비정규직이 늘어나는 현상은 일시적일까? 노동자들이 비정규직의 처지를 인정하며 임금도 적게 받고 열심히 일하면 경제도 좋아지고, 다시 일자리가 늘어나 정규직 일자리도 많이 생길까? 지금의 이 고통은 잠시 참고 견딜 만한 것은 아닐까? 그렇지 않다. 2009년

12월에 열린 '국가고용전략 수립을 위한 토론회'에서 장동구 한국은행 연구위원의 발제문인 "성장·임금과 고용의 인과관계"에 따르면, 1990년 한국 경제에서 1퍼센트 성장이 유발하는 취업자 수가 11만 2천 명인 데 반해 2000년에는 9만6천 명으로 줄었다고 분석했다. 이에 따르면 경제가 성장해도 고용에 미치는 효과는 적다. 1997년 경제위기 이후 기업들은 정규직 신규 채용을 줄이고 비정규직을 늘려 왔다. 정부는 1998년 〈파견법〉을 만들고, 2007년 〈기간제법〉을 만들면서 기업의 비정규직 채용을 정당화해 왔다. 지금은 비정규직이 된 노동자들이 노력해 경제성장이 이루어져도 '정규직 일자리'라는 성과로 돌려받지 못한다. 사회 전체가 비정규직 일자리로 채워진 상황에서는, 열심히 공부해도 비정규직을 면하기 어렵다.

물론 그럼에도 정규직이라는 바늘구멍을 통과한 사람들이 있다. 그런데 이들의 삶도 불안하다. 2015년 온라인 취업 정보 업체인 '잡코리아'에서 정규직 대상으로 조사한 결과를 보면 이들 중 82.2퍼센트가 고용 불안을 느낀다. 2006년에는 같은 응답을 한 비율이 45.2퍼센트였고, 2012년에는 76퍼센트였는데 계속 높아지고 있는 것이다. 정규직으로 취업했더라도 기업들이 상시 구조 조정을 통해 일하는 사람들을 퇴출시키고 조기 퇴직을 권유하므로 계속 정규직으로 일하리라는 보장이 없다.

'신의 직장'이라고 불렸던 공기업도 구조 조정을 하면서 강제로 희망퇴직을 시키거나 분사 및 외주화를 하기도 한다. 공기업 선진화라는 미명 아래 구조 조정을 하고 인원을 많이 감축할수록 정부가 시행하는 경영 평가가 좋게 나오다 보니, 공공 기관들이 앞다퉈 인력을 줄이려 하는 것이다. 쌍용자동차에서는 정리 해고를 해야만 회생할 정도의 위기가 아니었음에도 회계 조작을 통해 정리 해고의 근거를 마련했다. 기업들은 너무 쉽게 정리 해고를 선택한다. 게다가 박근혜 정부는 통상 해고도 가능해야 기업의 경쟁력이 생긴다면서 저성과자를 해고할 수 있는 가이드라인을 만들어 시행하겠다고 하고 있다. 그러니 정규직 노동자마저도 언제 해고될지 몰라 전전긍긍하고, 온 국민이 불안해하는 것이다. 일하던 직장에서 쫓겨나면 다시 정규직으로 취업할 가능성은 거의 없다. 이제 모두의 삶이 불안정하다.

이런 흐름을 지금 멈추지 않는다면, 경제가 살아나도 정규직 일자리는 늘어나지 않을 것이다. 그러니 비정규직이 된 것을 내 탓으로 돌릴 필요가 없다. 도서관에 앉아 죽어라고 공부해서 나 또는 나와 경쟁하는 누군가를 비정규직으로 밀어내는 대신에 비정규직을 양산하고 일하는 사람들의 삶을 불안정하게 만드는 사회를 바꾸기 위해 노력해 보자.

비정규직을 없애면 회사가 망할까?

비정규직 문제가 사회적으로 심각해지니 비정규직 고용 형태에
문제가 있다는 데 동의하는 사람도 많아진다. 이와 동시에 비정규
직을 모두 없애면 기업들이 살아남을 수 있을지를 걱정한다. 세계
적으로 경쟁이 치열한데 우리나라 기업만 정규직을 쓰면 경쟁에서
밀려 결국 일자리가 없어질까 걱정한다. 특히 1990년대 후반 경제
위기 때 수많은 사람들이 일자리에서 쫓겨난 경험을 했기에 비정규
직을 정규직화하면 기업에 다시 위기가 닥칠지 모른다고 걱정하는
것도 이해할 만하다.

2013년 말 대법원 전원합의체는 고정적인 상여금이 통상 임금에
포함된다고 판결했다. 상여금이 통상 임금에 포함되면 (통상 임금을
기준으로 산정되는) 잔업 수당이나 휴일 근무 수당이 늘어난다. 그런
데 대법원은 갑을오토텍 노동자들이 회사 측을 상대로 낸 '임금 및

퇴직금 청구 소송'에 대해 이와 같은 판결을 내리면서도, 신의성실의 원칙에 따라 지나간 임금에 대해서는 소송을 하지 말라고 했다. 법적으로는 그동안 돈을 덜 받은 것이 맞지만, 지나간 금액을 모두 돌려주면 기업에 타격이 크니 이전의 임금 및 수당 지급 방식을 암묵적으로 동의했다고 간주하라는 것이다. 그런데 법원의 역할은 옳고 그름을 판단하는 것이지, 기업이 그 돈을 지불할 능력이 있는지 없는지를 판단하는 데 있지 않다. 누군가가 사기를 쳐서 챙긴 돈을 모두 회수하면 파산할까 봐 걱정하는 법은 없다. 그런데 법원조차 기업의 위기를 걱정할 만큼 '기업이 망하면 사회가 망한다.'는 두려움은 깊게 새겨져 있다.

그러나 기업이 살아남으려면 비정규직이 필수적인지, 비정규직 노동자가 자기 권리를 찾게 되면 한국 기업들은 망할 수밖에 없는지를 의심할 필요가 있다. 비정규직이 늘어나면서 삶 자체가 파괴되고 있는 노동자들의 입장에서는 당연히 기업에 던져야 할 질문이기도 하다.

인건비를 절감할 절박한 이유가 있을까

세계적인 경쟁 속에서 비용을 절감해야 기업이 살아남을 수 있다는 생각이 지배적이다. 그런데 기업이 생각하는 '비용'은 대부분 노동력 비용이다. 비정규직을 사용하면 손쉽게 비용을 절감할 수 있기 때문에 기업들은 비정규직 채용을 선호한다. 그런데 비정규직을 사용해 노동력 비용을 절감하는 것 외에는 비용을 줄일 길이 없는 것일까?

비정규직을 많이 사용하는 대표적인 업종은 공공 부문이다. 산업통상자원부 산하 41개 공기업의 고용 실태를 보면, 2014년 정규직이 7만3,908명인 데 비해 무기 계약직과 기간제, 간접 고용을 모두 합한 비정규직은 2만2,542명으로 30퍼센트를 넘는 수준이다. 정부는 공기업의 부채 문제가 심각하므로 임금이 높은 정규직 대신에 비정규직을 사용할 수밖에 없다고 이야기한다. 물론 공기업 부채는 심각하다. 2014년 결산 부채로 보면 30개 공기업의 부채는 430조 원에 달한다. 하지만 감사원의 감사 결과 자료인 "공기업 재무 및 사업구조 관리실태"를 보면 대부분의 부채는 공공요금을 억누르거나 정부 정책 사업 및 해외 사업을 수행하는 과정에서 발생했다. 4대강 사업이나 해외 석유 개발 사업 등 국가정책 사업을 하는 데 필요한 자금을 공기업에서 차입한 결과 부채가 늘어난 것이다. 따라서 공기업 부채의 책임은 노동자들의 고임금이 아니라 잘못된 정부 정책에 있다. 그럼에도 공공 부문 구조 조정이라는 명목 아래 대량으로 해고되거나 허리띠를 더욱 졸라매야 하는 것은 애꿎은 비정규직들이다. 따라서 비정규직을 많이 사용해 봐야, 정부가 실패로 귀결하는 정책 사업을 밀어붙이고 수익성 없는 해외 사업을 진행하는 한 부채가 줄어들기는 어렵다.

제조업은 어떨까? 1만 명 가까운 비정규직을 고용해 온 현대자동차를 살펴보자. 직접 생산 공정에서 일하는 사내 하청 노동자는 8천 명에 이른다. 현대자동차의 2014년 당기순이익은 7조6천억 원이었다. 바로 전해에는 9조 원에 달했다. 이 회사에서 일하는 비정규직을 모두 정규직으로 바꾸는 데 드는 비용은 연간 2천6백억 원 정도이다. 현대자동차의 당기순이익과 비교해 큰 액수는 아니다. 비정규직을 정규직화하는 비용이 현대자동차가 감당할 수 없을 만큼 크지는 않다.

물론 이는 대기업의 이야기이다. 한국 기업의 대부분은 중소기업이고, 이들은 비용을 조금이라도 절감해야 살아남을 수 있다. 중소·영세 사업자들은 "우린들 비정규직을 쓰고 싶어서 쓰나? 비정규직을 쓸 수밖에 없을 만큼 이윤이 나지 않으니 그렇지." 하고 말한다. 어느 정도는 사실이다.

2015년 5월 중소기업중앙회가 중소기업 3백 곳을 대상으로 실시한 실태 조사에 따르면, 중소기업들은 성장을 가로막는 주요 원인을 '대기업 종속'으로 꼽았다. 응답자의 36.7퍼센트가 시급히 개선할 점으로 대기업 종속성을 선택한 것이다. 이 조사에 응답한 중소기업들은 최근 변화된 경영 환경이 위기 상황이며, 이 주된 원인은 '대·중·소 기업 간 양극화 확대'(37.7퍼센트)라고 생각하고 있었다 (〈그림 5〉 참조). 대기업들은 하청 업체인 중소 업체들의 납품 단가를 낮춰 더 많은 이득을 올리려 한다. 산업통상자원부의 조사에 따르면, '정당한 사유 없이 정기적으로 납품 단가를 인하'한 경험을 한 중소 업체 비율은 56.8퍼센트였다. 낙찰가보다 적은 금액으로 대금

그림 5_ 중소기업에서 심각하게 여기는 성장 저해 요인

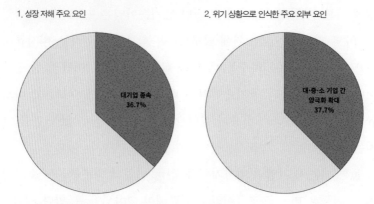

1. 성장 저해 주요 요인

대기업 종속
36.7%

2. 위기 상황으로 인식한 주요 외부 요인

대·중·소 기업 간
양극화 확대
37.7%

자료 : 중소기업중앙회, "중소기업정책에 대한 중소기업 인식조사"(2015/05).

을 결제한 경우도 28.4퍼센트나 되었다. 중소기업중앙회의 "중소제
조업 납품단가 반영 실태조사" 결과에 따르면, 2015년 제조원가는
2013년에 비해 6.2퍼센트 상승했으나 납품 단가는 1.4퍼센트 하락
했다(〈그림 6〉 참조). 61.7퍼센트의 중소 업체 사장들이 현재 납품 단
가가 적정하지 않다고 이야기하고 있다(〈그림 7〉 참조). 그 결과 중
소·영세 업체들은 줄어든 이윤을 저임금 노동자들을 사용해 상쇄한
다. 중소·영세 업체에서 일하는 노동자들은 최저임금에 가까운 임
금을 받으면서 잔업과 특근 수당으로 생계를 잇고 있다.

중소기업의 사정이 열악해 임금을 올리지 못하고 비정규직 노동
자를 고용할 수밖에 없다는 주장은 단편적이다. 중소기업의 사정이
열악한 것은 맞지만 이는 노동자들의 임금이 높아서가 아니라 대기

그림 6_ 중소기업의 납품 단가 및 제조 원가 실태

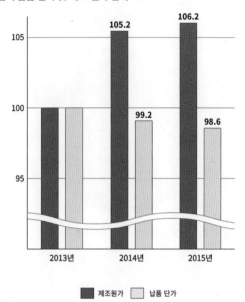

주 : 2013년을 100으로 가정.
자료 : 중소기업중앙회, "중소제조업 납품단가 반영 실태조사"(2015/05) 중 〈표 2-2〉, 〈표 3-1〉 참조해 새로 작성.

업 중심의 하청 구조 탓이다. 따라서 중소기업들도 대기업의 납품 단가 인하 등 잘못된 관행들에 맞서고자 노력해야 한다.

물론 쉽지 않은 일이다. 중소기업중앙회 조사에 따르면, 원청의 납품 단가가 적정하지 않다고 생각해도 납품 단가를 올려 달라고 요청한 경험이 없는 곳이 48.7퍼센트이다. 거래가 끊길까 봐 우려(26퍼센트)하거나 인상 요청이 수용되지 않으리라고 예상(24.7퍼센트)했기 때문이라고 한다. 그리고 납품 단가 인상을 요청한 이들 가운

그림 7_ 현재 납품 단가에 대한 중소기업의 인식

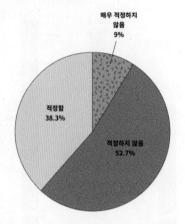

매우 적정하지
않음
9%

적정함
38.3%

적정하지 않음
52.7%

자료 : 중소기업중앙회, "중소제조업 납품단가 반영 실태조사"(2015/05) 중 〈그림 3-2〉.

데 28퍼센트가량이 합의를 도출하는 데 실패하거나 요청을 거부당했다고 한다(〈그림 8〉 참조).

따라서 정부가 나서서 대기업의 납품 단가 인하 압력을 막고 원청·하청 간 불공정 거래를 규제하는 것이 중요하다. 하지만 이에 못지않게 중소기업 사장들도 대기업을 대상으로 자신의 권리를 찾고자 노력해야 한다. 원청의 부당한 요구는 수용하고 노동자들을 비정규직으로 사용하는 방식으로 대응하는 한 지금의 왜곡된 산업구조는 바뀔 수 없다.

대기업의 하청이 아닌 작은 음식점이나 편의점에도 비정규직 노동자가 많다. 작은 가게의 사장들은 "동네에 치킨 가게만 몇 개가

그림 8_ 원청 업체에 납품 단가 인상을 요청한 결과

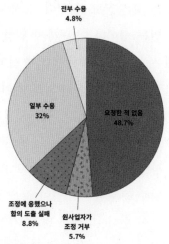

전부 수용
4.8%

일부 수용
32%

요청한 적 없음
48.7%

조정에 응했으나
합의 도출 실패
8.8%

원사업자가
조정 거부
5.7%

자료 : 중소기업중앙회, "중소제조업 납품단가 반영 실태조사"(2015/05) 중 〈그림 3-5〉, 〈그림 3-6〉 참조해 새로 작성.

되고, 피자 가게도 계속 들어오니 경쟁에서 살아남으려면 방법이 없다."고 말한다. 이런 가게들이 살아남기 힘든 이유가 '인건비'에만 있는 것은 아니다. 가장 심각한 것은 비싼 임대료이다. 그리고 거대 자본을 등에 업고 골목 상권까지 침해하는 재벌과 경쟁할 수 없기 때문이다.

사정이 점점 나빠짐에도 가게들이 우후죽순으로 생기고 경쟁이 치열해지는 것은 정리 해고가 마음대로 벌어지고, 희망퇴직이라는 이름으로 노동자들을 쫓아내기 때문이다. 일자리에서 쫓겨난 노동자들이 먹고살기 위해 가게를 차리다 보니 작은 사업장의 경쟁도 치열해져 온종일 일해도 생계비조차 안 나오는 경우가 많다. 정규직 노동자를 고용하는 것은 꿈도 못 꾼다. 고용이 불안정한 세상이 비정규직을 만들고 있는 셈이다. 정년까지 일하고 퇴직한 뒤 노후가 보장되는 안정된 사회라면 지금처럼 영세 사업장이 마구 생겨나 노동자들을 다시 비정규직으로 만드는 일도 벌어지지 않을 것이다.

중소·영세 사업장의 노동자들에게 책임을 전가하기보다는 왜곡된 산업구조를 바꾸려고 노력해야 한다. 중소 하청 업체 사장들도 단합해서 대기업에 정당한 단가를 보상하라고 요구해야 한다. 영세 상인들은 임대료를 낮추고 재벌 대기업이 골목 상권까지 들어오지 못하게 하라고 요구해야 한다. 그러지 않고 기업이 노동자들을 비정규직으로 채용해 임금을 낮추는 '편리한' 방법을 쓰는 한 현실은 개선되지 않는다. 노동자들도 비정규직이 많아지는 현실을 수용하고 받아들이는 대신, 집단적인 힘을 행사하며 권리를 주장해야 한다. 그래야 중소·영세 사업주들도 대기업을 향해 자신들의 목소리를 내고자 노력할 것이다.

'유연성'이 높다는 것은 아무 때나 해고할 수 있다는 뜻

기업이 비정규직을 채용하는 이유가 단지 비용 절감만은 아니다. 앞서 예시한 현대자동차나 공공 기관만 봐도 비정규직을 정규직으로 전환할 여력이 있었다. 기업에서는 '고용의 유연성'을 위해 비정규직을 활용한다고 말한다. 경제 위기에 유연하게 대처한다는 말은, 경쟁 때문에 한 업종이 축소되거나 없어질 때 자유롭게 노동자들을 해고할 수 있어야 한다는 것이다. 즉 모든 일자리는 세계경제의 변동에 따라 없어질 수도 있고 늘어날 수도 있다는 뜻이다. 하지만 현재 기업들이 고용의 경직성을 탓하면서 유연성을 늘리자고 말하는 것은 일자리 자체의 변동이 심해서가 아니다. 노동자들을 쉽게 해고하고 교체할 힘을 갖기 위해서다. 고용이 불안정할수록 기업은 노동자들을 마음대로 통제할 수 있다. 기업이 말하는 '고용의 유연성'은 일자리의 변동에 유연하게 대응하는 개념이 아니라, 일자리가 상시적이라 하더라도 일하는 사람은 유연하게 고용하자는 것이다.

비정규직이 많은 업종을 떠올려 보자. 대다수 기업이 청소와 시설 관리 업종에 용역 노동자들을 쓴다. 정규직을 자유롭게 해고할 수 있는지 여부와 상관없이 시설 관리 업종의 노동자는 대부분 비정규직이며 정규직 일자리를 찾기란 하늘의 별 따기이다. 그런데 시설 관리 업무는 꼭 필요한 업무이다. 병원에서 전기와 보일러를 담당하는 사람이 없다면 환자를 제대로 치료할 수 없을 것이다. 서울대학교병원 같은 국립대 병원이 시설 관리 업무를 필수 유지 업무로 지정해 관련 업무를 담당하는 노동자들의 파업 참여를 제한하는 이유이기도 하다. 그런데 '필수적으로 유지해야 하는 업무'는 상시 업무이기 마련이니 아무리 유연화가 대세이더라도 없애지 못할 일자리일 것이다. 그럼에도 이 일자리를 용역화했다는 것은 비정규직 활용이 단지 일자리의 유연성을 위해서만이 아님을 보여 준다.

대부분의 비정규직 노동자들은 지금도 '상시 업무'를 담당하고 있다. 용역 노동자들은 해마다 교체되고, 계약직 노동자들도 2년에 한 번 해고되지만 여전히 그 일자리는 그대로인 채 새로운 노동자들이 채운다. 앞서 말했듯이 '유연성'이란 자유로운 일자리 조정이 아니라, 그 일자리에서 일하는 노동자를 상시적으로 해고할 권한을 의미한다.

'해고를 자유롭게' 하고 싶은 기업들의 욕망은 끝이 없다. 이제 정규직도 해고에서 자유롭지 않다. 우선 정리 해고 제도가 있다. 1998년에 만들어졌을 당시만 해도 해고 요건이 매우 엄격하게 규정되어 있었다. 그런데 해고 요건이 점차 완화되더니 2005년 흥국생명 정리 해고 사례에서는 '미래에 올 경영상의 위기'를 이유로 정리 해고를 할 수 있다는 판결이 나왔다. 경제가 어려워질 가능성이 생기면 언제라도 노동자들을 해고할 수 있다는 것이다. 아웃 도어 업체인 코오롱은 매출이 매우 높았음에도, 그 노동자는 2005년 정리 해고를 당해 길거리로 쫓겨났다. 기타를 만드는 콜트·콜텍의 회장의 자산은 한국 재계 순위 2백 위 안에 들었지만 2007년 사업장 조정의 일환으로 노동자가 정리 해고되었다. 그 외에도 희망퇴직이나 명예퇴직으로 노동자를 몰아내기도 한다. 그것도 모자라 분사 및 아웃소싱 같은 다양한 형태로 기업의 구조를 바꾼 뒤 해고한다. 한국은 정규직 해고마저 자유롭다.

현실 속에서 '고용의 경직성'이란 해고를 할 수 없다는 뜻이 아니다. 해고하는 절차가 복잡하고, 해고하는 데 비용이 많이 든다는 뜻이다. 하지만 해고를 결정하기까지 복잡한 절차를 거쳐 '최후의 수단'이 되게 하는 데는 이유가 있다. 기업들이 단기적인 이익만 생각하고 노동자를 해고하면 그 책임은 사회가 떠안게 된다. 해고가 쉬워지면 투자를 잘못해도, 엔화 가치가 떨어져도, 원자재 값이 조금만 올라도 노동자들을 해고하려 들 테고, 그에 따른 사회적 비용과 고통은 외면할 것이다. 그래서 기업들이 하는 해고가 정당한지 아닌지, 기업에게 해고가 과연 필요한지 아닌지를 검증하고, 문제가 생겼을 때에도 해고가 아닌 다른 수단들을 동원하라고 요구하는 것이다. 다시 말해 해고는 항상 최후의 수단이 되어야 한다.

그런데 2015년 박근혜 정부는 '노동시장 구조 개혁'을 내세우면서 '통상 해고', 즉 경영상의 위기가 없더라도 손쉽게 해고할 수 있는 제도를 만들겠다고 했다. 성과가 낮은 직원은 전환 배치를 하거나 재교육을 하고, 그래도 성과가 나지 않을 때는 해고할 수 있게 하겠다는 것이다. 성과를 측정하는 기준도 분명하지 않거니와 기업이 노동자들을 손쉽게 해고할 수 있도록 만든다면 노동자들의 삶은 더욱더 안정될 수 없을 것이다.

정규직과 비정규직을 가리지 않고 '아무 때나', '손쉽게' 해고할 수 있게 하는 정책에서 '사람'은 고려되지 않는다. 노동자는 사람이다. 태어날 때부터 부자가 아닌 다음에야 일하지 않고 먹고살 수 없다. 해고를 자유롭게 하겠다는 말은 이를 부정하는 것이다. 열심히 일해 왔던 노동자들이 아무런 잘못 없이 기업의 단기적인 이윤 논리 때문에, 혹은 다른 문제 해결 수단이 있지만 '해고'가 가장 손쉽기 때문에 해고되는 사회에서 사람들은 희망을 찾기 어렵다.

비정규직이 많으면 사회가 발전할 수 있을까

2014년 12월 박근혜 정부는 '비정규직 종합대책'을 발표했다. 비정규직을 위한 정책이라고 내세웠지만, 기간 제한을 2년에서 4년으로 연장하고, 파견 허용 대상을 늘리는 것을 핵심으로 해 사실상 비정규직을 늘리는 정책이었다. 정부는 기업의 경쟁력을 강화하는 정책이 될 것이라고 보았다.

노동자를 자유롭게 해고할 수 있으면 단기적으로는 기업에 이로운 것처럼 보인다. 하지만 사회 전체적으로도 이익이 될까? 그리고 그 기업에 지속적인 이익을 가져다줄 수 있을까? 2010년 일본 후생노동성이 발표한 백서 『노동경제의 분석』을 보면 비정규직이 늘어나서 일본 경제에 악영향을 미쳤다고 언급된다. "근로자 파견 규제 완화가 계층 간 격차를 크게 벌렸다."면서, 이것이 내수 부족에 따른 경기 침체가 장기화된 원인 가운데 하나라고 분석한다. 수입이 적은 비정규직이 많아지면서 소비가 억제되었고, 그 결과 경기 침체가 나타났다는 것이다.

파견 노동자를 광범위하게 활용하는 것은 기업에도 부정적인 영향을 미쳤다고 언급되어 있다. 과거와 달리 기업들이 학교를 졸업한 뒤 입사한 이들을 충분히 교육하지 않은 채 저임금 노동력으로 즉각 활용하려 한 결과, 기업의 기술을 승계하거나 인재를 육성하는 데 문제가 생겼다는 것이다. 도요타자동차는 비정규직을 많이 사용해 비용을 절감한 회사로 잘 알려져 있다. 한국에서도 이를 벤치마킹해야 한다는 이야기가 많았는데, 정작 도요타는 2010년 이후 대규모 리콜 사태를 겪으며 어려운 처지에 놓인 바 있다. 도요타의 부품 업체에서도 비정규직을 워낙 많이 쓰니, 불량 부품이 들어오기 시작했던 것이다. 부품 단가를 낮게만 책정하고 낮은 임금만 주려는 회사에서 좋은 제품이 만들어지리라고 기대하기는 어렵다. 한국에 앞서 비정규직을 늘린 결과로 비정규직 고용이 만연해진 일본에서, 이제는 비정규직 확산에 따른 악영향을 깨닫고 파견법 개정 운동이 시작되었음을 염두에 둘 필요가 있다.

이는 일본만의 이야기가 아니다. 2015년 한국의 최근 7년간 연평균 경제성장률은 3.3퍼센트였고 노동자의 실질임금 인상률은 1.3퍼센트였다. 일용직 등 저소득층은 오히려 마이너스였다. 이런 불균형한 경제구조에서는 오히려 저성장이 장기화할 우려가 높다.

비정규직이 많아진다는 것은 그만큼 기업의 힘이 강해진다는 뜻이다. 기업은 이윤을 중심으로 하기 때문에 공공성과 때로 대립하기도 하고 사회적 책임을 지지 않으려고 할 수도 있다. 노동자들의 힘이 강하다면 기업 안에서 문제 제기를 하고 사회적 책임을 다하라고 요구할 수 있지만, 노동자들이 비정규직이 되고 그 기업의 이윤 중심 활동에 제동을 걸 힘이 없어지면 그 기업은 더욱더 사회적 책임을 이행하지 않게 된다.

2013년 남양유업에서 대리점주들에게 막말을 하고 물건을 강제로 받게 하거나 '떡값 요구' 등 무리한 행동을 한 사례가 밝혀져 사회적 파장이 일어났다. 남양유업이 대국민 사과를 했으나 논란은 쉽게 가라앉지 않았다. 남양유업은 '갑'이고 그에 의존할 수밖에 없는 대리점주들은 '을'인 상황에서 갑이 얼마나 권위적으로 자기 책임을 을에게 떠넘기는지가 명백하게 드러났다. 그런데 남양유업이 대리점주들에게만 불공정 거래를 하고 이른바 '갑질'을 한 것은 아니었다. 그해 당시 식품 대기업 가운데 가장 많은 비정규직을 사용한 곳이 남양유업이었다. 노동자를 존중하지 않는 회사가 대리점주를 존중할 리 없다. 더 나아가 이런 기업들이 제품을 잘 만들 수 있을지도 의문이다.

국민들의 안전 및 삶의 질과 직결된 공기업이 미치는 영향력은 더욱 크다. 이윤에 과도하게 집착한 데 따른 피해는 국민에게 고스란히 돌아온다. 현재 1천 명 가까운 승객을 태우고 시속 3백 킬로미터로 달리는 KTX에서 안전 업무를 담당하는 직원은 열차팀장 한 명뿐이다. 함께 탑승한 승무원들은 코레일관광개발에 소속되어 있다. 한국철도공사는 당사 직원의 업무와 외주 업체 노동자의 업무를 분리하기 위해, 안전 업무는 열차팀장이 맡고, 안내 및 서비스 업무는 승무원들이 하도록 매뉴얼을 만들었다. 고속열차 승객들의 안전을 위한 훈련을 받지 못한 승무원들과 승객들은 위험에 고스란히 노출되어 있다. 철도 승무원들을 비정규직으로 만들어 돈을 아끼려는 철도공사의 정책이 승객들의 안전을 위협하고 있는 것이다.

철도 차량의 정비 및 선로 수리를 담당하는 노동자들 또한 외주 업체 소속이다. 비용을 아낀다는 명분을 내세우며 정비 업무를 외주화했고 도급 금액도 낮췄다. 외주 업체들은 낮은 도급 금액에 임금을 맞추려다 보니 주로 비정규직을 채용하게 되고, 정비 기술이 뛰어난 이들은 더 나은 대우를 받고자 떠나간다. 인원도 부족할뿐더러 노동자들의 근속년수도 낮아진 탓에 정비 불량은 빈번하게 발생한다. 기업은 이윤을 위해 존재한다. 하지만 돈을 버는 만큼 사회적인 책임과 역할을 다하지 않는 기업은 존재 의미가 없다. 공기업은 두말할 나위도 없다.

기업이 노동자들을 적게 고용하는 것도 국가 전체에 나쁜 영향을 미친다. 앞서 확인한 장동구 한국은행 연구위원의 "성장·임금과 고용의 인과관계"에 따르면, 장기적인 분석을 바탕으로 살폈을 때 고용이 성장에 미치는 영향이 더 컸다고 말한다. 고용이 1퍼센트 늘어나면 성장률은 2퍼센트포인트가량 높아진다는 것이다. 성장이 고용을 만드는 것이 아니라 고용이 성장을 만든다고 볼 수 있다. 고용을 불안정하게 만들고 정규직 고용을 없앰으로써 경쟁력을 높이겠다는 전략은 많은 사람을 위험에 빠트릴 수 있다.

'돈'보다 '사람'이 중요한 사회

기업의 경쟁력만 중시할 뿐 '사람'을 중시하지 않는 사회에 문제를 제기해야 한다. 대통령까지 나서서 '비즈니스 프랜들리'를 외치고, 기업이 잘되는 게 우리 사회가 사는 길이라고 이야기한다. 기업을 규제하는 모든 장치를 없애고 기업이 잘되는 나라를 만드는 데 모두가 협조하라고 주문하고 있다. 과연 그런가?

플라톤은 규제받지 않는 권력의 무서움을 이야기한다. 왕의 목동이던 기게스는 어느 날 동굴 속에서 반지를 발견한다. 이 반지를 끼고 돌리면 투명 인간이 된다는 것을 알게 된다. 그는 그 힘을 이용해 왕을 암살하고 왕위를 찬탈한다. 이 이야기 끝에 플라톤은 '규제받지 않고 결과 또한 책임지지 않는 힘'이 정의로울 수 있을지를 묻는다. 오늘날 이 질문을 다음과 같이 바꿔 볼 수 있다. 이윤만이 존재 목적인 기업이 아무런 규제를 받지 않는다면, 그리고 기업이 우리 사회 전반을 움직이는 힘을 갖게 된다면, 그 기업은 노동자들의 삶을 파괴하면서 사회의 이익을 집어삼키는 괴물이 되지 않을까?

이런 현실을 삼성을 통해 보게 된다. 삼성전자는 2013년 당기순이익이 31조5,159억 원으로 추산되었다. 한국에서 가장 많은 돈을 벌어들이는 회사이다. 그런데 이 삼성전자 제품의 애프터서비스를 하는 노동자는 "배가 고프다."라는 유서를 남기고 세상을 떠나야 했다. 그리고 삼성전자에서 일한 노동자들은 백혈병 등에 걸려 죽어가고 있다. 정부는 노동자들의 삶을 파괴하면서 돈을 버는 삼성을 규제하지 않는다. 희귀 질환으로 사망하는 노동자들의 산재 신청도 제대로 받아들여지지 않는다. 게다가 삼성은 의료 민영화를 적극 추진하고 있다. 『삼성과 의료 민영화』(건강미디어협동조합, 2014)에 따르면 "현재의 의료 민영화는 삼성으로 대표되는 한국 대자본과 이들 기업을 대변하는 국가의 합작"이다. 현재 박근혜 정부가 추진하고 있는 메디텔, 영리 자회사, 원격 진료는 모두 삼성의 미래 먹거리와 맞물린 의료 민영화를 도입하는 수순으로 평가된다. 규제받지 않는 기업은 법과 정치와 제도를 무력하게 만들고, 노동자의 삶을 파괴하고 공공재를 사유화한다.

기업의 경쟁력을 사회 전체의 가치로 인정하는 것이 얼마나 위험한 일인지를, 우리는 2014년 4월 16일 세월호 참사를 통해 보았다. 청해진해운은 더 많은 이윤을 위해 세월호를 불법 개조했고 과적했다. 정부는 기업 경쟁력 강화라는 미명 아래 배의 선령 기준을 완화했고 관리 감독을 외주화했다. 그리고 정부는 세월호 참사 이후 안전 대책을 세운다고 하면서 '안전산업 발전방향'을 발표하는 등 안전마저도 돈벌이 수단으로 만들고 있다. 기업의 이윤보다 노동자들의 삶, 공동체의 가치가 더 소중하다는 점이 받아들여지지 않는다면 우리 사회는 기업을 견제할 수 없게 된다.

거듭 말하지만, 기업들이 비정규직을 활용하고 심지어 늘리는 이유는 단기적인 이익에 사로잡혀 있기 때문이다. 그리고 사회가 기업 경쟁력을 사회적 가치로 승인함으로써 기업들이 자행하는, 공동체를 해체하거나 노동자들의 삶을 파괴하는 행위마저 용납하고 있기 때문이다. 그러다 보니 불법적으로 경영권을 승계하고 탈세하는 엄청난 범죄를 저질러도 제대로 처벌하지 않는다. 설령 구속되었어도 사면·복권되거나 보석으로 나온다. 기업들이 준수해야 할 기업 윤리, 고객의 안전, 소비자 권리는 무시된다. 단기적인 이익을 위해 비정규직을 많이 쓰는 기업이 사회 전체의 이익을 고려하리라고 믿기는 어렵다. 기업 경쟁력이 무소불위의 가치라도 되는 듯이 인식하는 사회적인 미망에서 깨어나야 한다.

비정규직을 그대로 두고 차별만 없앨 수 있을까?

비정규직이라고 다 나쁘기만 할까? 한 회사에 얽매여 재미없는 일을 하기보다는 자신이 원하는 곳에서 자유롭게 일하며 자기를 계발할 수 있는 비정규직이 더 낫지는 않을까? 능력이 있다면 프리랜서로 자유롭게 일할 수 있을 것이다. 원하는 시간을 자유롭게 선택해 일할 수 있다면 좋을 것이다. 장시간 노동하지 않아도 된다면 창의적인 일이나 하고 싶었던 공부를 하고, 예술에 심취하거나 문화생활을 누리는 데 에너지를 쏟을 수 있을 것이다.

통계청 조사에 따르면 전체 비정규직 중 자발적으로 비정규직 노동을 선택하는 사람이 절반에 이른다. 전일제 일자리와는 달리 일하는 시간을 선택할 수 있기에 가사와 육아, 학업 때문에 시간이 필요한 이들에게는 비정규직 일자리가 훨씬 편하다는 것이다. 그러다보니 이제 비정규직은 당연히 필요하지 않느냐고 이야기하는 사람도 많다. 만약 이런 일자리가 없다면 한시적으로 일자리를 구하는 사람이나 다른 일과 병행해 일하려는 사람에게 필요한 일자리가 없지 않겠느냐는 것이다.

그러나 과연 그것이 자신의 선택이며 진정 '자유로운 노동'인지 질문해야 한다. 아이를 키우기 위해 비정규직을 '선택'했지만 아이가 다 커서 안정적인 일자리를 구하고 싶을 때 비정규직 일자리밖에 없다면, 창의적인 삶을 준비하는 데 필요한 자금을 모으기에는 지금 하고 있는 아르바이트 수입이 턱없이 부족하다면 어떻게 할까? 자신의 선택이라고 포장되었다고 해도, 실제로는 우리 사회 구조에서 '어쩔 수 없이' 하고 있는 일이라면 이를 자유롭게 선택했다고 볼 수는 없다.

비정규직은 정말 자신의 선택일까

사람은 누구나 자유롭기를 원한다. 하루 10시간 넘게 일하는 장시간 노동, 스스로 생각하거나 구상하는 대신 오직 시키는 대로 일하는 일상. 그 속에서 우리는 살아 있는 사람으로서 충만함을 느끼지 못하고 그저 월급날만 기다리거나 회사를 벗어날 순간만을 기다리며 묵묵히 견딘다. 이런 제약에서 벗어나 자유롭기를 원하는 것은 모든 이들의 바람이다. 그런데 한 회사에 얽매이지 않는 비정규직이라면 자유롭다고 볼 수 있을까?

기업과 나를 운명 공동체로 묶어 두면 우리는 그 기업이 잘되는데 몸과 마음을 바쳐야 한다. 승진하기 위해서나 해고되지 않으려면 열심히 일해야 한다는 점이 노동자들을 압박한다. 만약 정부의 주장대로 '자발적으로 비정규직을 선택'한 것이라면 기업의 흥망성쇠와 내 삶을 동일시하지는 않을 것이다. 기업을 위해 열심히 일할 필요도 없고 아침에 눈떴을 때 회사에 너무 가기 싫다면 안 갈 수도 있다. 다른 일자리를 구하면 그만이니까. 그것이 때로는 자유롭다고 생각될 수도 있다.

그러나 현실에서 일에 더 얽매이는 것은 오히려 비정규직이다. 생존의 고통 때문이다. 예를 들어 외주 출판 노동자들은 우리의 관념 속 프리랜서처럼 자유롭지도, 창의를 발휘하지도 못한다. 2012년 전국불안정노동철폐연대와 출판노동자협의회에서 발표한 "외주 출판 노동자 실태조사"에 따르면 프리랜서 출판 편집인들은 일이 끊어질까 봐 항상 전전긍긍한다. 지금 일을 많이 하고 있어도 새로운 일감을 받아서 밤새 일한다고 한다. 언제 일이 없어질지 모르기 때문이다. 자신이 일을 선택하는 것이 아니라 출판사가 자신을 선택하는 상황에서, 그리고 출판 시장의 경쟁이 치열해지고 출판사들이 편집인들의 질보다 당장 값싸게 쓸 수 있는 인력을 중시하는 상황에서 프리랜서 출판인들이 자기 가치를 높이기 위해 책을 읽거나 공부할 여력은 거의 없다.

미래에 대한 두려움과 생존의 절박함이 비정규직 노동자들을 일에 얽매이게 한다. 비정규직들은 임금이 낮기 때문에 미래를 준비하기 어렵다. 그리고 비정규직 중에서 고용보험에 가입하지 않은 노동자는 3분의 1을 넘는다. 그러니 해고되거나 일거리를 구하지 못하면 먹고살 수 없다. 그래서 어떤 일자리이든 주어지는 대로 일하려 하고, 그 일자리를 지키기 위해 전전긍긍하게 된다.

비정규직이 자유롭기 때문에 창의적이라고 말하는 이들도 있다. 그러나 현실은 다르다. 앞서 살폈듯이 정부는 시간 선택제 일자리를 만들어서 단시간 노동자를 늘리려고 했다. 그런데 '시간 선택제'라고 해서 정규직으로 여덟 시간 일하던 사람들이 자유롭게 네 시간씩 일하게 하는 제도는 아니다. 노동자들이 하는 일을 분석한 뒤 업무가 비교적 단순하고 간단해 짧은 시간만 해도 문제없는 일을 찾아내고, 그 일감을 단시간 노동자에게 몰아주는 방식으로 만들어낸 것이 단시간 일자리이다. 정규직은 복잡하고 어려운 일을 하고, 단시간 노동자들은 쉽고 단순한 일을 하라는 것이다. 비정규직이라는 이유만으로 단순하고 하찮게 취급되는 일을 하면서 창의성을 발휘하거나, 더 나아가 일을 통해 즐거움을 느끼기는 어려울 것이다.

물론 비정규직으로 일하기를 원하는 사람도 있다. 가령 새로운 일을 해보고자 자격증을 준비하려고 짧은 시간만 일하려는 사람, 또는 아이를 낳은 지 얼마 되지 않아 육아와 병행할 만한 비정규직 일자리를 찾는 사람도 있다. 하지만 내가 공부하는 동안 고용보험이나 실업 부조가 적용되어 원하는 일을 하게 될 때까지 생계가 보장된다면 굳이 비정규직 일자리를 찾지 않아도 될 것이다. 보육 시설이 충분하거나 육아휴직을 길게 쓸 수 있고, 남녀가 가사 노동을 같이하는 동시에 가사 노동을 보조하는 지원 체계가 갖춰진 사회라면 비정규직을 선택할 이유가 없을 것이다. 그렇지 못한 사회에서 육아와 취업 준비, 생존을 오로지 개인이 감당하다 보니 비정규직을 선택하는 상황에 내몰릴 뿐이다.

우리 사회에서 비정규직은 낮은 임금과 열악한 노동조건을 감수하는 데 그치지 않고 사회적 차별에도 시달린다. 비정규직을 차별해 개인의 존엄성을 훼손하며, 위급한 상황이 닥쳤을 때 대출은커녕 사회적 지원도 받기 어렵다. 내가 하고 싶은 일을 하려 해도 비정규직으로 일하면 시간에 대한 주권이 없으므로 자유롭게 시간을 내기 어렵다. 비용이 많이 드는 일은 더더욱 하기 힘들어진다. 이처럼 권리가 박탈된 상태에서는 시간 여유가 있다고 한들 진정 자유롭다고 할 수는 없다.

비정규직이더라도 차별만 없애면 되는 것일까

정부는 비정규직 제도 자체는 인정하되 비정규직이 심하게 차별받지 않도록 보호하자고 말한다. 이에 동조하는 이들도 많다. 지금 당장 비정규직을 없애거나 정규직으로 만들기는 어려우니, 비정규직에 대한 지원을 늘려 차별을 줄여 나가면 문제가 없어질 것이라는 주장이다. 한편으로는 합리적인 해결책으로도 보인다. 비정규직이 되더라도 임금 차별이 줄어 생활할 방도가 열린다면, 그리고 복지가 확충되어 사회적 안정감이 부여된다면 굳이 한 기업에 매여 일할 필요가 없기 때문이다.

그렇다면 비정규직을 늘리는 대신 차별을 없애거나 복지를 늘리는 것만으로 문제가 해결될까? 우선 차별에 대한 문제를 살펴보자. 비정규직 문제가 임금과 노동조건에 대한 차별에 국한된다면 앞서의 주장은 맞을 것이다. 그러나 비정규직 문제는 고용이 불안정하다는 데서 출발한다. 1997년 경제위기 이후 기업들은 '상시적 구조 조정'이라는 명목으로 언제든 노동자들을 해고할 수 있게 되었다. 약간의 경기변동에도 노동자들을 해고하는 방향으로 대처하는 것이다. 지금은 케이티가 된 한국통신은 구조 조정을 시행한다면서 비정규직 노동자 7천 명을 정리 해고했다. 계약직을 우선적으로 해고한 것이다. 공공 부문에서 구조 조정을 감행했을 때 25퍼센트 가까운 노동자를 해고했는데, 이들 대부분이 하위직 및 비정규직 노동자였다. 여전히 구조 조정 일순위는 비정규직이다.

2009년 미국발 금융 위기가 닥쳤을 때 지엠대우(2011년부터 회사명 변경. 이하 한국지엠)는 "정리 해고 등 구조 조정을 하지 않는다."고 큰소리쳤지만, 이미 1천 명에 달하는 비정규직이 강제로 무급 휴직을 당하거나 그 뒤 마지못해 희망퇴직 동의서에 서명하는 방식으로 해고되었다는 사실은 이야기되지 않는다. 하나같이 한국지엠에서 일해 밥을 먹고 아이들을 교육시키며 삶을 꾸리던 사람들이었다. 그런 사람들이 소리 소문 없이 회사 밖으로 밀려나 버린 것이다. 한국은 사회적인 안전망이 부족하기 때문에 해고되면 대책이 없다.

이처럼 비정규직이 된다는 것은 언제든 해고될 위험에 놓인다는 것이다. 비정규직을 인정하되 차별을 없애면 된다는 주장에서는 고용 불안정으로 말미암아 고통 겪는 사람들의 처지가 고려되지 않는다.

게다가 비정규직이 늘어나면 정규직도 고용 불안을 느낀다. 비정규직으로 채워진 일자리는 다시 정규직 일자리가 되지 않기 때문이다. 대형 병원을 생각해 보자. 예전에는 거의 모든 노동자가 정규직이었다. 그러다가 어느 순간 별로 중요하지 않다는 이유로 청소 업무가 용역화되었다. 얼마 지나지 않아 전기와 보일러 등을 다루는 시설 관리 업무가 외주화된다. 시간이 더 지나면 주차 시설이 외주화되면서 비정규직이 늘어난다. 식당이 외주화되고 나중에는 환자식을 담당하는 식당도 비정규직으로 채워진다. 어쩌면 환자들의 비밀이 보호될 필요가 있는, 환자 차트 입력과 관련된 일자리에도 비정규직이 투입될 것이다. 의사와 환자를 연결하는 콜센터도 비정규직을 채용한다. 의료 업무에도 비정규직 채용이 시작된다. 계약직 간호사가 생겨나고, 간호조무사가 간호사 업무를 대체하며, 대다수의 간호조무사가 비정규직으로 채용된다. 의사 또한 연봉계약직이 될지 모른다. 이런 가정은 허구가 아니다. 이미 현실에서 일어나고 있는 일이다.

복지 제도도 노동자의 힘이 있어야 만든다

비정규직이 되어 해고의 위험이 있더라도 복지 제도가 뒷받침되어 해고된 노동자가 마음 놓고 재취업을 준비할 수 있다면 좋을 것이다. 정부는 이를 '유연 안정성'이라고 말한다. 유연하게 고용하고 해고하되, 복지 제도를 통해 안전성을 높이자는 것이다. 덴마크는 유연 안정성이 성공적으로 구현된 사례로 종종 소개된다. 덴마크는 고용 보호를 거의 하지 않기에 비정규직을 많이 활용한다. 그렇지만 실업보험이 잘되어 있고 정부가 적극적으로 나서서 재취업을 알선하므로 고용도 많이 창출되고 실업률도 낮으며 경제 실적도 높다고 알려져 있다. 덴마크에서는 노동조합이 실업보험을 관리하고 운영하며, 실직자는 기존 임금의 70퍼센트를 실업 급여로 받는다. 수령 기간은 4년이나 된다. 그리고 원하면 언제든 직업훈련을 받을 수 있다. 비정규직이 늘어나도 괜찮겠다는 생각이 들 법한 조건이다.

덴마크의 이런 정책은 강력한 노동조합과 노동자를 대변하는 정당이 있었기 때문에 가능했다. 그와는 정치적·사회적 조건이 다른 우리 사회에서는 같은 정책을 도입하더라도 덴마크처럼 되지는 못한다. 특히 앞서 말했듯이 고용보험에 가입해 있는 비율도 낮고, 고용보험 수급을 받기도 까다로워서 해고 이후 삶의 안정성이 보장되지 못한다. 정치적·사회적 조건은 물론이고 제도적 보완조차 미비한 상태에서 무턱대고 비정규직부터 늘리자는 말을 수긍하기 어려운 이유다. 물론 현실을 조금씩이라도 개선하기 위해 노력해야 하고, 복지 역시 늘리기 위해 힘을 모아야 한다. 그렇지만 이 같은 노력도 이를 뒷받침할 노동자들의 힘이 없으면 무기력한 호소에 불과할 뿐이다. 더군다나 비정규직이 늘어날수록 노동자들은 자신의 처지를 개선할 힘을 더욱 잃어버릴 수밖에 없다.

차별은 왜 발생할까? 비정규직이라서 당연하게 차별받는 것은 아니다. 그럼에도 비정규직이 받는 임금은 거의 예외 없이 낮다. 힘이 없기 때문이다. 언제 해고될지 모르는 처지이고 보니 낮은 임금을 제시해도 감사히 일할 수밖에 없다. 기업이 비정규직 노동자들을 더 싼 값에 부릴 수 있는 이유이다. '비정규직이기 때문'에 차별이 생기는 상황에서 비정규직을 인정하고는 차별을 없애기 어렵다.

정치권도 비정규직 노동자를 고려하기보다는 그때그때 자신들의 이해타산에 따라 움직인다. 지금은 비정규직에 대한 차별을 줄이고자 노력하는 듯 보이지만, 비정규직을 늘리는 법을 만든 것은 민주당이 여당이던 시절이고, 당시 야당이던 새누리당 또한 그 법에 적극 동조했다. 반면에 고용보험을 확대 적용하는 개정 법안은 몇 년째 통과되지 못하고 있다. 여전히 일터에서 노동자들이 죽어가고 있지만 산업재해 방치를 강력히 제재하는 법안은 기업들의 반대에 부딪쳐 제대로 처리되지 못하는 것이 현실이다. 이는 노동자들의 힘이 약하기 때문이다. 노동자들의 목숨 값이 기업의 이윤보다 하찮게 여겨지는 상황에서 비정규직의 차별을 없애고 고용보험을 확대하는 법안이 통과되리라고 보기는 어렵다.

설령 이런 법이 만들어지더라도 누더기 법안이 되기 쉬우며, 노동자들에게 힘이 없는 한 그 법이 현실적으로 규제력을 갖기는 어렵다. 차별을 금지하는 제도는 지금도 있다. 그런데 그 법이 오히려 차별을 인정하는 법이 되고 있다. 비정규직 노동자가 노동위원회에 차별을 제소하려면 다음 재계약 때 탈락할 것을 감수해야 한다. 그러니 누가 차별 시정 신청을 하겠는가? 게다가 차별을 입증하려면 비교를 위해 동일하거나 유사한 업무를 맡는 정규직이 있어야 한다. 정규직과 비정규직의 업무가 아예 분리된 요즘에는 차별 인정을 받기도 힘들다. 외국에서 좋은 정책을 참고해 도입하더라도 이를 지킬 힘이 있어야 한다. 그렇지 않으면 '유연하되 안정적인 삶'은 구호에 그칠 뿐 실제로는 차별받는 비정규직만 늘리는 결과를 낳기 쉽다.

더 심각하게는 덴마크를 비롯해 유럽 각국도 세계적인 경제 위기 속에서 비정규직의 고통이 더해지고 있다. 모범 사례로 여겨지던 네덜란드의 단시간 노동은 고용의 질이 점차 하락하면서 저임금 노동으로 전락하고 있다. 유럽 곳곳에서 동일노동 동일임금 원칙은 무너지고, 노동조합의 교섭 구조도 기업별 교섭으로 바뀌면서 비정규직 노동자들이 처지가 더욱 나빠지고 있다. 노동자들의 힘이 뒷받침되지 않은 채 도입된 비정규직 보호 정책은 언제라도 노동자들을 수렁에 빠뜨릴 수 있다.

비정규직은 고용 형태만을 의미하지 않는다. 그 고용 형태로 말미암아 삶이 불안정해지고 희망을 잃은 채 불안에 떨며 노동해야 한다는 것을 의미한다. 비정규직이 확대되면서 노동자들은 권리를 빼앗긴 이등 국민이 되고 있다. 그러므로 비정규직을 인정하되, 차별을 없애자는 추상적이고 비현실적인 주장을 하기보다는 일하는 사람들의 권리가 지켜질 수 있도록 비정규직 노동자들의 힘을 키우려고 노력해야 한다.

2부

비정규직에게는 없는 권리

비정규직은 권리가 배제된 노동자들이다. 비정규직이라고 해서 원래부터 임금을 적게 주어야 한다거나 쉽게 해고해야 한다는 법이 있는 것은 아니지만, 고용 형태가 다르다는 이유만으로 차별과 저임금, 삶의 불안정에 시달려야 한다. 비정규직 노동자들에게 없는 권리, 그러나 반드시 찾아야 할 권리에 대해 이야기해 보자.

▶ 왜 일을 해도 가난한가?

▶ 정당한 차별이라는 게 있을까?

▶ 아프고 죽고 다치면서 일해야 하나?

▶ 불안정한 노동은 피할 수 없는가?

▶ 일하지 못할 때 생존할 수 있을까?

▶ 인권, 시간과 공간의 권리를 누가 빼앗았는가?

▶ 최소한의 기준인 〈근로기준법〉이 적용되지 않는 이유는?

▶ 단결하고 투쟁할 권리

왜 일을 해도 가난한가?

2013년 10월 30대 젊은이 한 명이 목숨을 끊었다. 유서에는 "그동안 삼성서비스 다니며 너무 힘들었어요. 배고파 못살았고 다들 너무 힘들어 옆에서 보는 것도 힘들었어요."라고 적혀 있었다. 한국에서 가장 잘나가는 기업, 사상 최대의 매출을 올린 삼성전자서비스에서 일하던 노동자가 배가 고팠다고 말했다. 이는 건당 수수료 제도라는 임금 체계 때문이다. 수리 기사들은 고장 난 삼성전자 제품을 수리하고 수수료로 임금을 받는다. 그런데 그 수수료는 2013년 기준으로 1분당 225원씩 계산되었고 이동 시간이나 상담 시간은 포함되지 않는다. 그 결과 실제 임금은 최저임금에 미치지 못한다.

그러다 보니, 삼성전자가 사상 최대의 매출을 올리고, 덩달아 하청 업체들과 삼성전자서비스의 매출이 늘어났어도, 정작 수리 기사들은 가난에서 벗어나지 못한다. 기형적인 고용 형태와 임금 체계 때문이다. 열심히 일해도 가난한 삶. 이것이 비정규직의 현실이다.

풍요 속의 가난

하루에도 엄청나게 많은 상품이 쏟아져 나오지만 많은 사람이 가난하다. 자본주의가 이룩한 생산력을 감안할 때 잘 이해되지 않는 현상이다. 그렇지만 소수의 손에 부가 집중될 때 가난은 필연인지 모른다. 2014년 1월 정몽구 현대차그룹 회장이 현대에서 받은 배당금은 222억2,200만 원이었다. 현대자동차 비정규직 노동자가 2천 년간 월급을 한 푼도 쓰지 않고 모아야 마련할 수 있는 금액이다. 취업 사이트 〈사람인〉이 20~30대 직장인 919명을 대상으로 "자신이 '일하는 빈곤층'에 속한다고 생각하십니까?"라고 설문했을 때 65.2퍼센트가 그렇다고 답했다. 그 이유로 '연봉이 적어서'라는 답이 가장 많았고, '고용 불안', '노력해도 나아지는 것이 없어서', '부유층과의 차이' 등으로 대답한 사람도 적지 않았다. 이미 청년들은 가난이란 개인의 노력으로 벗어나기 힘든 구조적 문제임을 인식하기 시작했다.

지금의 가난은 일시적인 현상이 아니다. 경제 위기 이후에 구조조정이 지속되면서 실업과 불안정한 일자리가 늘어나고 실질임금이 점차 줄었다. 2011년 3월 30일 한국은행이 발표한 "2010년 국민계정"에 따르면 1인당 국민총소득GNI은 2만759달러로 사상 최고치였다. 그렇지만 노동 소득 분배율은 2008년 61퍼센트에서 2009년 60.9퍼센트, 2010년 59.2퍼센트까지 떨어졌다. 노동 소득 분배율은 국민소득에서 노동 소득이 차지하는 비율을 의미하는데, 이 비율이 떨어진다는 것은 노동자들의 소득이 하락하고 있다는 뜻이다. 2014년 경제협력개발기구OECD에 따르면 한국의 노동 소득 분배율은 32개 회원국 가운데 24위에 그쳤다. 중위 소득 50퍼센트 이하인 근로 빈곤층은 3백만 명에 이르고 있다. 열심히 일해도 가난에서 벗어날 수 없는 것은 그만큼 임금이 낮아졌기 때문이다. OECD 보고서인 "고용 전망 2015"OECD Employment outlook 2015에 따르면, 2013년 기준 한국의 최저임금 이하 소득자 비율은 14.7퍼센트였다. 이는 OECD 조사 대상 회원국 가운데 가장 높고, 회원국 평균 5.5퍼센트에 비해서도 매우 높은 수준이다(〈그림 9〉 참조). 워낙 임금이 낮으니 일을 해도 가난한 것은 이미 특별한 일이 아니다.

정규직들도 살아가기 어렵기는 마찬가지이다. 높은 의료비와 주거비, 교육비 탓에 안락한 노후는 꿈도 못 꾼다. 그런데 기업이나 정부는 비정규직이 가난한 것은 '정규직들의 높은 임금' 때문이라고 말한다. 가난에 대한 두려움은 크고, 가난이 구조적인 문제라고 여기게 되면 열심히 노력해서 해결할 수 있다는 자신감이 없어진다. 그러다 보니 눈앞에 보이는 현실, 즉 정규직이 나보다 많이 받는다는 사실에만 주목해 분노하게 된다. 그러나 실상을 보면 '정규직 이기주의'라는 통념이 무색하게 정규직의 임금도 낮아지고 있다. 2015년 4월 22일에 열린 한국노동사회연구소 창립 20주년 토론회

그림 9_ OECD 회원국 중 최저임금 이하 소득자 비율 (2013년 기준; 단위 : %)

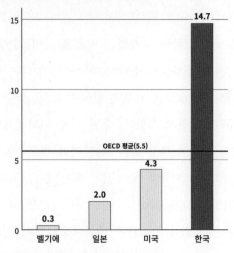

주 : OECD 회원국 가운데 한국의 최저임금 이하 소득자 비율이 가장 높음.
자료 : "OECD Employment outlook 2015"를 참조해 작성.

에서 김유선 한국노동사회연구소 선임연구위원이 발표한 "한국의 노동시장 진단과 과제"에 따르면, "1998년 이후 생산성은 증가해도 임금은 상승하지 않는 '임금 없는 성장'이 이뤄지고 있다." 경제성장률과 실질임금 인상률을 비교하면, 2000년부터 2014년까지 연평균 경제성장률은 4.4퍼센트였다. 노동부가 조사한 5인 이상 사업체 상용직의 실질임금 인상률은 2.5퍼센트이고, 한국은행 국민소득 통계에서 1인당 피용자 보수총액 인상률은 1.4퍼센트이다. 김유선은 "노동부에 따르면 매년 1.9퍼센트, 한국은행에 따르면 매년 3.0퍼센트만큼 성장에 못 미치는 임금 인상이 이뤄진 것"이라고 밝혔다.

낮은 임금을 보충해야 하니 한국의 노동시간은 무척 길다. OECD 회원국의 연간 노동시간 통계에 따르면, 2012년 현재 한국은 2,092 시간으로 회원국 가운데 멕시코에 이어 2위일 만큼 압도적으로 길다. 장시간 노동할 뿐만 아니라 이제는 가족 모두가 일한다. 남편과 아내 모두 일해야만 자녀 교육비를 댈 수 있다. 대학생 자녀는 아르바이트를 해서 학비를 벌어야 하고, 노인들도 일자리를 찾아 헤매고 있다. 박근혜 정부가 내걸었던 '고용률 70퍼센트 달성' 공약은 이제 누구든 일해야 먹고살 수 있는 시대가 되었음을 반영한 것이다.

일해도 가난하므로 우리는 살아가면서 누려야 할 것들을 누리지 못한다. 자본주의사회에서 삶의 가치는 돈이 있어야 실현된다. 배우고 싶어도 돈이 필요하고, 예술을 즐기려 해도 돈이 든다. 소득이 적다는 것, 미래에 대한 불안 속에 놓여 있다는 것은 삶을 피폐하게 만들고, 그저 살아남기 위해 발버둥치는 인간이 되게 한다. 인간답게 살기 위해서가 아니라 생존을 위해 장시간 일해야 하는 삶, 괜찮을까?

비정규직은 계속 가난하다

열심히 일해도 가난한 사람들의 대다수가 비정규직이다. 비정규직은 쉽게 해고될 수 있기에 살아남기 위해 경쟁한다. 그래서 더 낮은 임금도 감수한다. 비정규직 두 명 중 한 명은 노동자 중위 임금의

3분의 2에 못 미치는 저임금 노동자이다. 그나마 기업들은 점차 임금을 낮추므로 법정 최저임금이 거의 최고 임금이 되어 가고 있다.

통계청에서 발표한 "2015년 3월 경제활동인구조사 근로형태별 부가조사 결과"에 따르면 2015년 1~3월 비정규직 노동자의 월평균 임금은 146만7천 원이었다. 이 돈으로 살아갈 수 있을까? 혼자 산다 해도 주거비와 의료비조차 감당하기 쉽지 않은 금액이다. 자녀가 있다면 상황은 더 심각해진다. 그러다 보니 저축은 생각지도 못하고, 아프거나 해고되었을 때 한순간에 완전 빈곤층으로 전락하는 것이다.

비정규직이 이렇게 낮은 임금을 받는 이유는 뭘까? 비정규직에게 정규직보다 낮은 임금을 지급하라고 법전에 나와 있는 것도 아니다. 오히려 법은 정규직과 비정규직의 임금을 차별해서는 안 되며, 비정규직의 임금을 차별할 경우 차별 시정을 신청할 수도 있다고 규정한다. 그럼에도 비정규직 노동자의 임금은 정규직의 절반에 불과하다. 이는 고용 불안 때문이다. 비정규직은 언제라도 해고될 수 있다. 임금을 올려 달라고 했다가는 다음번 재계약에서 탈락한다. 그러니 불만을 이야기하지 못하고, 침묵할 수밖에 없다. 비정규직이라는 현실 그 자체가 임금을 낮추는 가장 큰 요인이다.

구조적인 문제도 있다. 파견이나 용역, 도급 등 간접 고용 노동자들은 대부분 최저임금을 받는다. 지금도 안산의 반월·시화공단이나 대구 성서공단에 가보면 수많은 파견 노동자들이 최저임금을 받으며 일하고 있다. 청소 노동자들도 대개 최저임금으로 일한다. 애초에 기업들이 임금을 낮출 목적에서 파견 및 용역을 활용하고 있기 때문이다. 파견이나 용역을 쓰면 업체를 선정할 때 도급 금액을 최대한 낮출 수 있다. 파견·용역 회사들은 여기에서 또 중간 수수료를 떼어 간다. 현재 중간 수수료율은 8~20퍼센트라고 한다. 그러니 파견·용역 회사들은 노동자들을 최저임금으로 쓰려고 한다. 여기에서 도급 금액이 더 낮아지면 인원수를 줄이고 노동강도를 높이거나, 일하는 시간을 조정해 임금을 더 깎는다. 원청 업체와 하청 업체는 모두 이익을 보지만, 그로 인해 임금이 깎이고 힘들게 일해야 하는 것은 노동자들이다. 특히 공공 기관에서도 '제한적 최저가 낙찰 제도'가 도입된 이후 사실상 가장 낮은 도급 금액을 쓴 업체에 일거리를 주고 있다. 공공 기관 비정규직 노동자들의 임금 또한 낮아질 수밖에 없다.

이것이 밑바닥에 있는 일부 노동자만의 문제일까? 한 통계에 따르면 최저임금의 영향을 받는 노동자는 4백만 명이 넘는다. 최저임금이 어떻게 결정되느냐에 따라 이들의 임금이 결정되는 것이다. 심지어 최저임금에 미달하는 노동자도 2백만 명에 이른다. 그럼에도 우리나라의 최저임금은 전체 노동자의 임금 인상률이나 물가 상승률을 반영하지 못해 격차가 더욱 벌어진다. 비정규직은 아무리 열심히 일해도 가난에서 벗어날 수 없는 것이다.

또한 기본급과 모든 수당을 합한 총액으로 임금을 주는 방식의 포괄 임금제가 확대되고 있다. 포괄 임금제가 시행되면 해마다 최저임금이 올라도 노동자들의 임금 총액은 변함이 없을 공산이 크다. 기업들이 기본급을 올리는 대신 수당을 깎아 총액을 유지시키기 때문이다. 이처럼 물가는 오르는데 임금은 그대로이니 실질임금은 줄어든다. 게다가 포괄 임금은 노동자들의 잔업을 제대로 반영하지 않는다. 포괄 임금제 때문에 초과 근로 수당이 없어지면 기업들은 노동자들에게 더 많은 일을 시키고도 초과 근로 수당을 주지 않는다. 총액으로 최저임금만 맞추면 된다고 여겨 노동자들의 임금을 낮추고 있다.

비정규직의 임금을 계속 깎고, 중간에 업체가 끼어들어 수수료를 떼어 가는 일이 계속되는 한 비정규직이 가난을 벗어날 길은 없다. 가난의 고통을 대가로, 비정규직을 사용하는 업체와 중간 업체만 돈을 벌고 있다. 비정규직은 인정하되 차별을 해소하자는 말이 한가하게 들릴 만큼 현실은 절박하다. 따라서 비정규직에 대한 차별을 없애는 제도를 만드는 것 이상으로 비정규직 노동자들이 집단적 힘을 모아 스스로 임금을 올려 가는 것도 중요하다. 노동조합을 만들어 활동하고 있는, 서울 지역 대학 청소 노동자들의 임금은 이미 최저임금을 훌쩍 넘어섰다. 2012년부터 집단 교섭을 통해 최저임금을 넘긴 이래 이제는 시중 노임 단가 수준의 임금 인상을 목표로 하고 있다. 2014년 최저임금은 5,210원이었으나, 시중 노임 단가는 7,915원이었다.

노동자들이 기업의 비용을 떠맡고 있다

열심히 일해도 가난한 다른 이유는 기업들이 자신들의 책임을 노동자들에게 떠넘기는 데서 찾을 수 있다. 티브로드라는 케이블 티비 업체에서 일하는 사람들이 있다. 티브로드는 고객들이 이사하면서 셋톱박스와 모뎀을 분실할 경우 설치 서비스를 했던 노동자의 임금에서 해당 비용을 차감한다. 결합 상품을 계약한 집에 가서 상품을 설치했는데 고객이 변심해 계약을 해지해도 설치 기사의 임금에서 그 셋톱박스와 모뎀 설치 비용이 차감되었다. 케이블 티비 업계의 과당경쟁으로 고객들이 몇 번씩 업체를 바꾸는 상황에서, 고객이 나중에 해약했다는 이유로 기존 설치비마저 차감하는 탓에 임금은 계속 깎인다. 심지어 케이블 티비 설치나 수리를 하기 위해서는 차량 운행이 필수적이라 기름 값도 많이 들어가는데, 실비가 제대로 지급되지 않으면 설치 기사는 자기 돈으로 부족한 기름 값을 충당하기 일쑤이다. 회사에서 지급하는 차량 유지비가 오르지 않으니 개인이 벌충하는 비용은 날로 는다. 이처럼 어처구니없는 일들이 계속 벌어지고 있다.

특수 고용 노동자도 마찬가지이다. 겉으로는 대등하게 도급(위탁)계약을 맺은 것처럼 보이지만 1년 단위 계약직일 뿐이다. 기업들은 이 점을 이용해 자신들의 손해를 떠넘긴다. 레미콘 회사는 노동자들에게 개인 사업자 등록증을 내게 한 뒤 도급계약을 맺고, 이를 근거로 레미콘 차량 유지에 필요한 기름 값이나 보험료를 주지 않는다. 레미콘 노동자들은 10년 넘도록 도급 금액은 오르지 않고 기름 값만 네 배로 오르자 생활고를 견딜 수 없어서 2000년에 노동조합을 만들어 항의했다. 학습지 회사의 사정도 다르지 않다. 학습지 회사들은 노동자들에게 주는 수수료 제도를 일방적으로 고쳐서 임금을 깎기도 하고, 심지어 그만둔 학생의 돈을 교사가 대신 내도록 압력을 가하기도 한다. 학습지 회사 간 경쟁이 치열해지면서 전처럼 이윤이 많이 나지 않으니 교사들의 임금에 손대는 것이다.

2005년 덤프트럭 운송 노동자들이 덤프연대를 결성해 파업을 한 적이 있다. 날로 오르는 기름 값을 정부가 보조하라는 것이 주된 요구 사항이었다. 차량 유지 비용이 노동자에게 떠넘겨져 일해도 빚이 느는 기형적인 구조를 바꾸자는 것이었다. 또 다른 요구는 과적 단속에 걸린 운전기사에게 과도한 벌금을 물리는 제도를 개선하라는 것이었다. 이들에게는 적재 권한이 없다. 사업주가 과적을 지시하면 따를 수밖에 없다. 하지만 과적 단속에 걸리면 어마어마한 벌금을 모두 덤프트럭 노동자들이 내야 한다. 사업주가 과적을 지시했어도 노동자가 벌금을 내는 부조리를 개선하라는 요구였다. 덤프트럭 노동자들의 파업 이후에야 〈도로교통법〉이 개정되어 과적을 지시하는 사업주가 벌금을 내게 되었지만, 정작 과적이 이루어지는 현장을 단속하지 않으니 노동자들은 여전히 사업주의 지시를 거부하기 힘들다.

이런 부조리는 비일비재하다. 출판 회사들은 외주 출판 노동자들이 작업한 자료를 출판사에 보내는 퀵서비스 비용을 노동자들에게 부담시킨다. 지급된 질 낮은 청소 비품을 가지고는 일하기 힘든 청소 노동자들은 자기 돈을 들여 가벼운 알루미늄 밀대나 더 질긴 고무장갑, 좋은 세제 등 청소 비품을 장만하기도 한다. 용역 회사들은 비용 절감을 내세워 부대 비용을 노동자들에게 떠넘긴다. 이주 노동자들이 처한 상황은 더욱 심각하다. 회사는 숙식 비용을 떠넘긴다. 기숙사를 만들지 않고 주거 공간을 임대한다는 명목으로 이들에게 비용을 청구한다. 그 탓에 실제 가져가는 임금이 최저임금에 미달하는 경우도 생긴다.

노동자들이 그 일을 하는 데 필요한 비용이라면 사용자가 부담해야 한다. 고객들이 계약을 해지하거나 비품을 반납하지 않았다는 이유로 노동자들에게 책임을 전가해서도 안 된다. 기업들은 노동자들과 고용계약이 아니라 위탁계약을 맺어 노동자들에게 책임을 떠넘기려 한다. 특수 고용 같은 왜곡된 고용구조가 발달하는 것은 이 때문이다.

우선 최저임금이 현실화되어야 한다

노동자들이 가난해지다 보니 최저임금이 중요해진다. 매년 6월이면 최저임금위원회에서 최저임금이 결정되어 다음 해 1월부터 적용된다. 위원회는 최저임금을 결정할 때 물가 인상 및 생계비 비중을 반영한다고 밝힌다. 실태 조사를 하거나 물가 인상분을 검토하는 것은 사실이다. 하지만 정작 최저임금을 결정하는 순간에 생계비나 물가 인상은 고려되지 않는다. 노동자 위원 아홉 명과 사용자 위원 아홉 명이 각각 노사를 대표해 최저임금 요구안을 내면, 아홉 명의 공익위원들이 사실상 최저임금을 결정하는 구조이다. 2015년 노동자 위원들은 '최저임금 1만 원'을 요구안으로 제출했으나, 사용자 위원들은 "경제가 어렵고 중소·영세 상인들은 더 어렵다."며 동결안이나 미미한 인상안을 제출했다. 결국 예년과 마찬가지로 공익위원들의 조정 구간에 따라 2016년 최저임금은 시간당 6,030원으로 결정되었다. 아무리 최저임금 인상에 대한 사회적 요구가 높아도 공익위원들의 조정 구간을 넘어서지 못하는 것이다.

〈최저임금법〉 제1조(목적)는 "이 법은 근로자에 대하여 임금의 최저 수준을 보장하여 근로자의 생활 안정과 노동력의 질적 향상을 꾀함으로써 국민경제의 건전한 발전에 이바지하는 것을 목적으로 한다."라고 정하고 있다. 하지만 최저임금은 인간다운 생활과는 거리가 멀다. 2014년 최저임금은 5,210원이었고, 2015년에는 5,580원이다. 2016년 최저임금은 6,030원으로, 월 126만 원 수준이다. 그야말로 최저 생계를 유지할 뿐 인간답게 살 만한 소득은 아니다. 그럼에도 "최저임금만 주면 법에 걸리지 않으니 문제없는 것 아니냐?"고 큰소리치는 경영자들도 많이 있다.

법적인 최저임금은 강제력을 가진다. 그러므로 최저임금을 위반하면 처벌받게 되고, 노동자들에게 그만큼 임금을 돌려주어야 한다. 동시에 최저임금만 주면 법적으로 처벌받지 않는다. 그렇다면 최저임금만 주는 것이 정당할까? 말 그대로 '최저' 임금이다. 더 낮아져서는 안 된다는 뜻이다. 임금은 당연히 최저임금보다 많아야 한다. 그럼에도 기업들은 비정규직 노동자들이 해고를 두려워한다는 점을 이용해 최저선의 임금을 주고도 당당하다. 말 그대로 '입에 풀칠하는' 정도의 최저임금을 받아서는 품위를 유지하며 생활할 수 없다. 따라서 '생활임금'을 보장해야 한다. 이를 도외시하는 기업은 존재할 가치가 없다는 사회적인 분위기가 만들어져야 한다.

그러려면 법정 최저임금을 인간답게 생활할 수 있는 생활임금 수준으로 끌어올려야 한다. 보건복지부에서 발표하는 '최저생계비'가 아니라, 생활이 가능한 '생활 생계비'가 반영되어야 한다. 이제는 인간답게 살기 위한 생계비의 기준을 만들어야 한다. 그러려면 우리가 살아가면서 무엇이 필요한지 이야기를 시작해야 한다. 풍족하지는 않더라도 한 달에 한 번 영화도 보고, 책도 읽고, 가끔은 가족 외식을 하는 데 필요한 수준의 임금을 이야기해야 한다. 제대로 쉬지도 못한 채 잔업에 특근까지 해서 받는 임금이 아니라 하루 여덟 시간 일해서 받는 임금만으로도 생활을 보장할 수 있어야 한다. 최저생계비는 그렇게 결정되어야 한다. 노동자들의 현실을 잘 모르는 공익위원들이 일방적으로 결정하는 지금의 최저임금위원회 구성으로는 최저임금을 현실화할 수 없다. 노동자 스스로 임금 요구안을 만들고 집단적인 힘을 모아야 최저임금도 바뀐다.

낮은 임금은 숙명이 아니다

비정규직 일자리는 중요하지 않은 일자리이니 임금이 낮아도 된다고 말하는 이들이 있다. 그러나 기업이 누군가를 채용하는 것은 그가 필요하기 때문이다. 회사에 꼭 필요한 일을 하는데 '아무나' 그 일을 할 수 있다는 이유만으로 생계를 꾸리기에 빠듯한 임금을 주는 것은 정당하지 않다.

'중요한 일'이라는 개념도 주관적이다. 중요하거나 중요하지 않은 업무를 기업들이 임의로 선별해 덜 중요한 업무에 임금을 적게 주게 되면, 얼마 전까지만 해도 중요했던 업무가 갑자기 그렇지 않은 업무가 되기도 한다. 예를 들어 기차에서 승무 업무는 승객들의 안전을 돌보는 중요 업무였다. KTX는 시속 3백 킬로미터로 달리는 고속 열차이기 때문에 특히 승무 업무가 중요하다. 그러나 한국철도공사는 이를 외주화했다. 그러면서 안전 업무를 맡으면 중요 업무가 되니 안내 업무만 하라고 했다. 그렇게 승무 업무는 중요하지 않은 업무가 되었고, KTX 승무원들의 임금은 7년 동안 오르지 않았다. 물론 승객들의 안전도 뒤로 밀렸다. 과연 무엇이 중요한 업무인가?

어떤 이들은 '경쟁 이데올로기'를 내세워 저임금은 패배자에 대한 응보라고 주장한다. 비정규직 노동자들의 투쟁 소식이 소개된 온라인 기사에는 "열심히 노력하거나 공부해서 정규직이 돼라."라는 댓글을 많이 볼 수 있다. 공부를 못했거나 노력하지 않아서 비정규직이 된 것이 아닐뿐더러, 그 사람이 현재 비정규직이라고 해서 생계가 가능한 임금을 주지 않아도 된다는 근거가 될 수 없다. 오히려 이런 댓글을 쓰는 이들조차 언제든 불안정 노동자가 되어 빈곤의 늪에 빠질 수밖에 없는 것이야말로 현실에 가까울지 모른다. 이미 많은 이들은 빈곤이 구조적인 문제임을 알지만 막상 자기 앞에 닥친 문제로 인정하고 싶지 않아서, 그리고 우리 사회가 그렇게 불합리하다는 것을 받아들이고 싶지 않아서 '낮은 임금을 받는 이들은 뭔가 문제가 있는 사람들이기 때문'이라는 식으로 합리화하려는 것이다. 열심히 공부했던 비정규 교수들이나 연구원들, 땀 흘려 일하는 청소 노동자들과 건설 노동자들……. 이들의 노동 덕분에 우리 사회가 이만큼 살아가고 있다는 것을 생각하면 비정규직이 '패배자에 대한 응보'라는 말은 사실이 아니다.

개인에게 이런 구조적인 문제를 뚫고 나갈 힘이 없다고 생각될 때, 많은 이들은 경제 발전이 탈출구가 될 수 있다고 여긴다. 이명박 정부나 박근혜 정부를 지지하는 근거의 많은 부분이 '경제 발전론'에 있다. 하지만 경제 발전을 통해 저임금 문제를 해결한다는 논리는 가난의 원인을 한참 잘못짚은 것이다. 현재 정부가 내세우는 경제 발전 정책은 공기업을 민간에 팔고, 정규직을 비정규직으로 만들며, 시장을 개방해 농민들의 생활 기반을 위협하는 것들이다. 그 결과 국내총생산GDP 수치는 회복되고 재벌 대기업들은 많은 돈을 벌어들일지도 모른다. 그러나 발전의 성과가 노동자들에게 돌아갈까? GDP는 계속 는다는데 갈수록 떨어지는 노동자의 삶의 질이 그

대답이다.

　가난은 숙명이 아니다. 낮은 임금을 받아야 하는 사람들이 따로 있는 것이 아니다. 한 시간 노동이 밥 한 끼를 사서 먹지도 못할 만큼 가치 없는 노동일 수는 없다. 경제가 발전하고 생산력이 높아져도 정작 일하는 사람들은 생존을 걱정하며 가난에서 벗어나기 어렵다면 뭔가 잘못된 사회이다. 우선 비정규직 노동자의 임금 최저선을 낮추고 있는 최저임금을 현실화해야 한다. 그러려면 최저임금이 아니라 '생활할 수 있는 임금을 받을 권리'를 이야기해야 한다. 마땅히 누려야 할 생활임금을 받을 권리를 빼앗겼기 때문에 저임금의 굴레에서 빠져나오지 못하는 것이다. 이제 생활하는 데 필요한 임금에 대해 말하자. 그래야 논의가 시작될 수 있다.

정당한 차별이라는 게 있을까?

서울의 한 병원에서는 2009년부터 정규직과 비정규직에게 다른 식권을 지급했다. 정규직은 주황색, 비정규직은 노란색 식권을 들고 따로 줄을 서서 이용해야 했다. 병원 관계자는 "파견 협력 업체 직원들은 신분을 확인하기 어려워 따로 사게 한 것"이라고 밝혔지만, 파견 노동자들은 "비정규직인 것도 서러운데 식권 색깔까지 구분하다니 억울하다."고 말한다. 부산의 한 조선 업체는 2008년 12월 18일부터 45인승 통근 버스의 앞자리는 정규직 직원이, 뒷자리는 협력 업체 직원이 앉게 하는 좌석 지정제를 시행했다. 인원이 훨씬 많은 비정규직이 일찍 출근하면서 주로 앞자리를 차지하는 통에 때로 서서 가게 된 정규직 사원들이 불만을 제기해 취한 조치라고 회사는 설명했다. 서울대학교에서는 비정규직 노동자들의 주차비를 정규직에 비해 다섯 배나 많이 받아 지탄받기도 했다.

비정규직에 대한 차별은 하루 이틀의 문제가 아니다. 일하는 현장에서 자행되는 차별뿐만 아니라 사회적인 차별도 만만치 않다. 전세 자금을 대출받을 때는 정규직인지 비정규직인지에 따라 대출 여부가 결정되기도 한다. 배우자가 될 사람의 부모를 찾아가 인사할 때 정규직이냐고 질문받는 경우도 많다고 한다. 이런 사회적 차별은 사람들을 위축시키고 마음을 멍들게 한다. 차별은 죽음 뒤에도 지속된다. 세월호 참사로 사망한 단원고등학교 교사 중 두 명이 순직으로 인정받지 못했다. 정규직 교사들은 순직으로 인정받았음에도, 담임 교사로서 아이들을 구하고자 최선을 다했던 이들은 기간제 교사라는 이유로 제외된 것이다. 차별은 일터와 삶터 곳곳에서 지속된다.

차별은 인권의 문제

차별은 임금이 낮고 노동조건이 열악하다는 것으로만 나타나지 않는다. 차별은 회사 안에서 그 사람의 위치와 지위를 확인시키는 일상의 행동이기도 하다. 작업복이나 식권의 색깔을 달리하는 것은 비정규직 노동자들에게 '당신의 위치가 이렇게 낮다.'는 점을 각인시킨다. 호칭이 작업상 위계나 사회적 위계를 보여 주듯, 비정규직에 대한 차별도 노동자들 간의 위계를 고착한다. 이는 위치가 낮은 사람에게 무기력감을 심어 놓는다. 차별 문제는 노동조건의 문제에 국한되지 않고 인격까지 위계화한다는 점에서 더욱 심각하다. 비정규직 노동자들은 이 같은 상황을 맞닥뜨렸을 때 가장 큰 상처를 받는다.

게다가 비정규직은 사회적으로도 차별받기 때문에 자신이 비정규직이라는 사실을 밝히기를 꺼린다. 한 비정규 교수의 사망을 계기로 이들의 문제가 세상에 알려졌을 때, 정작 이들 가운데는 그 사실을 불편하게 여긴 사람이 많았다고 한다. 대학에서 아이들을 가르치는 것이 집안의 자랑인데, 비정규 교수의 실태가 방송에 나온 뒤 친척들이 "자네 혹시 비정규 교수 아닌가?" 하고 물어보는 일이 생겼다는 것이다. 비정규직이 된 것이 자기 잘못도 아닐뿐더러 열심히 일하고 있음에도 비정규직이라는 사실을 부끄러워하는 실정이다.

비정규직들도 처음 시작할 때는 의욕적으로 일하려 한다. 그런데 현장에서 계속 차별을 겪다 보면 '내가 나설 자리가 아닌가 보다.' 하고 생각하며 무기력해진다. 학교급식을 담당하는 조리 종사원의 경우 조리 경력이 오래돼서 어떻게 해야 아이들이 맛있게 먹는지 알아도 영양사가 싫어하면 이야기를 꺼내기 어렵다고 한다. 조리 종사원의 지위가 낮아서 경험이 활용되지 못하는 것이다. 공립 유치원의 비정규직 교사들은 교육청에서 상을 받는 대상이 아니기에 매년 실적을 내고 큰 행사를 잘 치러서 뿌듯해하다가도, 업무 실적으로 간주되지 못하는 현실을 떠올리면 기운이 빠진다. 열심히 일하는 이들이 차별 때문에 위축되고 의욕을 잃는 것이다.

일하는 사람들이 의욕을 내지 못하는 회사가 잘될 리 없다. 그럼에도 회사는 눈에 보이는 차별을 유지한다. 노동자들을 수월하게 통제하는 방법이기 때문이다. 처음에는 차별에 불만을 드러내거나 저항하던 노동자들도 시간이 지날수록 이를 극복할 방법이 없다며 체념한다. 차별이 반복되면서 '이류 노동자'로 취급받기 시작하면 무기력함이 확산된다. 그 결과 노동자들은 점차 순응하게 된다. 그들에게 남은 저항 수단은 회사를 떠나는 것이다. 하지만 회사를 떠나도 더 나은 환경에서 일할 수 있다는 보장이 없으니 마음속에 불만만 쌓일 뿐 대부분 떠나지 못한다.

게다가 지위가 높은 노동자들, 특히 정규직 노동자들은 허구적인 우월감을 갖기 쉽다. 회사에서 문제가 생기면 자신을 관리자와 같은 위치에 둔다. 그래서 노동자의 관점이 아니라 회사의 입장에서 문제를 해결하려 한다. 예를 들어 위험하고 건강에 해로운 일이 있다고 하자. 선뜻 일하려는 사람이 없을 테니, 안전장치를 제대로 구비해 위험 요인을 없애야 한다. 그런데 정규직 노동자들은 안전조치를 제대로 하는 대신, 그 자리를 비정규직에게 떠넘기는 데 찬성하는 경우가 많다. 문제점을 개선하지 않고 손쉽게 회피하는 방법을 택하는 데는 비정규직을 이류 노동자로 간주하는 인식이 놓여 있다. 정규직과 비정규직 사이에 연대감이 사라지고 서로 구별하게 되면 기업은 이들을 수월히 통제할 수 있다. 눈에 보이는 차별을 통해 정규직 노동자들이 비정규직을 차별하는 의식을 갖도록 부추기는 것은 그래서다.

구조화되는 차별

차별은 계속 재생산되고 구조화된다. 지금은 정규직과 비정규직에 대한 차별이 불공평하다고 이야기하지만, 불공평하다는 인식은 점점 희미해질 것이다. 차별은 여전하지만 그런 상황이 합리화되고 정당화되기 때문이다. 병원에서 의사와 간호사의 임금이 달라도 우리는 이를 당연하게 여긴다. 의사가 되기까지의 고생을 보상하는 한편, 의사 업무의 어려움 등을 이유로 들며 임금 차별을 정당화하는 것이다. 의사들이 환자들에게 더 많은 신경을 쓰고 더 많은 노력을 기울인다면 그에 걸맞게 보상해야 할 것이다. 그러나 어디까지 보상으로 볼 수 있을까? 간호사들을 함부로 대하거나 병원의 높은 자리를 의사들만 차지하는 것도 포함될까? 주변에서 당연시되는 차별이 과연 정당한지를 의심하지 않으면 차별은 정당화된다.

2000년대 후반에 '무기 계약직'이라는 낯선 고용 형태가 등장했다. 우리은행에서 처음 시작되었는데 당시 언론은 "금융권이 먼저 비정규직을 정규직으로 전환했다."며 칭찬 일색이었다. 계약직으로 일하던 노동자들을 정규직으로 전환했다고는 하나, 이들이 정규직이 된 것은 아니었다. 기간을 정하지 않는 고용 계약이니 정규직이라고 할 법하지만, 우리은행은 굳이 무기 계약직 직군을 만들어 정규직과 구분해 관리했다. 정규직으로 통합하는 대신 새로운 직군을 만든 이유는 무엇일까?

한때 금융권에는 일종의 창구직인 'FM/CL Floor Marketing/Clerk 직군'

을 만들어 여성을 차별하던 제도가 있었다. 이 직군의 97퍼센트 이상이 여성으로 구성되었고, 종합직 행원과 업무가 같음에도 임금은 종합직 초임의 56퍼센트에 불과한 인사 제도였다. 여성 단체와 노동조합에서 지속적으로 성차별적인 제도라며 문제를 제기한 결과, 2004년 서울지방노동청 고용평등위원회가 〈남녀고용평등법〉에 저촉된다는 판정을 내렸다. 결국 이 제도는 없어졌다. 그렇지만 금융권은 무기 계약직을 '발명'해 새로운 차별적 직군을 만들었다. 그리고 무기 계약직은 주로 빠른 창구에 배치되어 정규직과 다른 업무를 담당했다. 이 경우 정규직과 다른 업무를 수행하기 때문에 이들 간의 차별은 '차별'로 인정되지 않는다. 계약직일 때처럼 임금 및 노동조건상 차별이 여전함에도 이제는 비정규직이 아니라는 이유로 차별 시정을 신청할 자격이 없다. '정규직화'라는 이름 뒤로 새로운 차별 제도를 다시 도입한 셈이다. 물론 고용은 계속 유지되니 계약직보다 낫다고 볼 수도 있겠지만, 상시 업무에 계약직을 쓰는 것 자체가 잘못일뿐더러 정규직 전환이라고 대대적으로 홍보해 놓고도 차별을 합리화했다는 점에서 반길 수 없는 고용 형태이다. 공공 부문을 비롯해 여러 기업이 비정규직을 정규직화하겠다고 발표했지만 그 가운데 대다수가 '무기 계약직' 전환이다.

기업들은 노동자들을 차별하되 그것이 정당한 것으로 인정되기를 원한다. 자동차 공장에서 앞바퀴는 정규직이 달고 뒷바퀴는 비정규직이 다는데 임금은 배 이상 차이가 난다고 하면 누구라도 차별이라고 생각한다. 그런데 바퀴는 정규직이 달고 문짝은 비정규직이 달면, 서로 다른 업무를 하는 것으로 간주할 수 있다. 그리고 바퀴를 다는 업무가 훨씬 고도의 기술을 필요로 하는 것이라서 정규직이 할 수밖에 없다고 주장하면 임금 격차를 어느 정도 수용하게 된다. 나아가 자동차 조립 업무는 정규직이 하고, 부품을 나르거나 검사를 하는 보조 업무를 비정규직이 하기 시작하면, 비정규직들이 하는 일은 중요하지 않은 일로 간주되어 임금 차별 또한 당연시된다. 똑같은 시간과 힘을 들여 일하지만 작업 공정의 중요성에 따라 마치 일하는 강도나 일하는 사람의 특성이 달라지기라도 하듯이 차별이 용인된다. 이처럼 직무와 업무를 분리해 고용 형태를 달리하면 차별은 사회적으로 정당화될 뿐만 아니라 노동자들마저 하는 일에 따라 지위가 달라지는 것을 받아들이게 된다.

　기업들은 직무별로 고용 형태를 더 세분화한다. 그러다 보니 비정규직 안에서도 위계가 생긴다. 자동차 공장에서는 1차 하청, 2차 하청, 3차 하청에 대한 대우가 다르다. 상여금도 1차 하청은 많이 주지만 3차 하청은 어림도 없다. 심지어 3개월 단위로 계약하는 '한시 하청' 노동자까지 있어서 1차 하청 노동자들은 이들을 '고용의 안전판'으로 여긴다. 노동자들을 해고할 일이 있더라도 자신들이 아니라 한시 하청이 우선 대상이라고 생각하는 것이다. 자신들이 정규직에게 당한 일을 한시 하청에게 똑같이 되풀이하기도 한다. 유통 업체에서도 돈을 다루는 '캐셔'는 직접 고용된 계약직이고, 카트를 나르거나 시설 관리를 하는 사람들은 용역직이다. 직접 고용 비정규직은 자신의 업무가 상대적으로 중요한 것이라고 생각해 용역직 노동자의 업무를 무시하거나 차별적 처우를 해도 문제될 게 없다고 여기기도 한다.

특정한 직무나 고용 형태에 사회적으로 높은 지위를 부여하고, 그가 누리는 다양한 것들을 정당화하며, 상대적으로 낮은 지위에 있는 노동자들과 차별하는 것을 당연히 여겨서는 안 된다. 일의 성격이 그 사람에 대한 차별을 정당화할 수 없다. 일의 성격이 그의 인격을 설명하는 것도 아닌 만큼 인격적인 차별이 있어서도 안 된다. 이 사회에서 필요한 일을 하는 모든 이들은 권리에 있어 동등하다.

차별 시정 제도의 문제점

우리 사회는 여성에 대한 차별이 심했다. 무엇보다 여성은 남성의 절반에 못 미치는 임금을 받아 왔다. 문제 제기가 꾸준히 이루어지면서 〈남녀고용평등법〉이 만들어졌고, 그 뒤로 여성 차별이 크게 줄어들고 있다고 한다. 그러나 2010년 기준 OECD 통계에 따르면 여전히 한국의 여성 노동자와 남성 노동자의 임금격차는 39퍼센트 포인트에 이르고, 이는 OECD 국가 평균의 두 배에 달한다. 한국은 OECD의 남녀 임금 격차 통계가 생긴 2000년부터 2012년까지 13년 동안 부동의 1위 자리를 차지하고 있다. 차별을 금지하는 법이 있더라도 정작 현실에서는 무력한 경우가 많다. 여성은 알게 모르게 승진에 제약이 있거나, 주로 임금이 낮은 일자리에 편중되기 일쑤이다. 차별 금지 제도가 시행되면서 어느 정도 개선되기는 했지만, 기업들은 제도를 피해 새로운 차별을 만들어 낸다. 비정규직 차별 시정 제도 또한 마찬가지이다. 기업에 차별이 만연하면 사회적으로도 문제가 된다. 비정규직이라는 이유로 미래에 대한 희망을 갖지 못한 채 무기력하게 일하는 사람이 많다면 그 사회가 활기찰수는 없다. 그러므로 비정규직 제도를 없애지는 못하더라도 당장의 차별을 줄이려는 노력도 중요하다. 그러나 기업 입장에서는 노동자를 통제하는 효과가 있고 임금을 깎는 수단이기에 먼저 나서서 차별을 줄이려 하지 않는다. '차별 시정 제도'라는 법적 강제력이 있어야 하는 이유이다.

2007년 〈기간제법〉과 함께 '차별 시정 제도'가 도입되었다. 정부는 비정규직을 보호할 수 있게 되었다고 선전했다. 〈기간제법〉과 〈파견법〉 모두 "기간제나 단시간, 파견 근로자임을 이유로 해당 사업장에서 유사하거나 같은 일을 하는 정규직에 비해 차별적 처우를 하면 안 된다."라고 명시되어 있다. 비정규직 노동자들은 차별 대우를 받았다고 판단하면 노동위원회에 차별 시정을 신청할 수 있다. 현장에서 차별이 심한 만큼 신청이 폭주하리라고 예상되었지만 결과는 전혀 달랐다. 비정규직 차별 시정 신청은 2008년에 1,897건으로 가장 많았다가 그 뒤로 매년 1백 건 수준으로 감소했다. 게다가 이는 그다지 많은 숫자가 아니다. 집단적으로 차별 시정을 신청하더라도 1인당 한 건으로 취급되므로 철도 계약직 노동자나 비정규 교수 등의 집단 신청 건수가 합산되어 많아 보일 뿐이다.

차별 시정 신청이 적은 것은 우선 제도 자체의 결함 때문이다. 비정규직 노동자가 차별 시정을 신청했다가 해고당해도 부당 해고로 인정되지 않는다. 비정규직 노동자들의 해고는 '해고'가 아니라 '계약 해지'이기 때문이다. 차별 시정 제도가 만들어진 뒤 최초로 차별 신청을 한 고령축산 비정규직 노동자들은 차별을 인정받았다. 그러나 비정규직이었기에 고령축산은 계약 기간이 끝난 뒤 이들을 해고하려 했다. 차별 시정 신청에 대한 보복성 계약 해지였다. 그럼에도 '계약 기간 만료로 인한 계약 해지'는 부당 해고로 인정받기 어려워 노동자들은 일자리를 지키기 위해 차별 시정 신청을 취소하고 재계약했다.

게다가 계약직이나 파견 노동자여야 신청 자격이 생긴다. 경기도 공립 유치원의 계약직 임시 강사들은 차별 시정 신청 대상이 아니라는 통지를 받았다. "임시 강사들의 경우 기간을 정해 놓은 것은 형식적인 것이고, 고용이 계속 유지되었기 때문에 실제로는 정규직과 다름없다."는 것이 이유였다. 유치원 임시 강사들은 해마다 재계약 공포에 떨어야 했다. 결국 이들은 7년 동안 교육청을 상대로 싸워 간신히 고용 안정을 인정받았다.

무기 계약직도 차별 시정 신청 대상에서 제외된다. 공공 부문 무기 계약직 노동자들은 호봉제도 적용되지 않는 등 차별이 심하지만 비정규직이 아니라는 이유로 신청 자격이 없다. 그리고 합법 파견 노동자는 신청 대상이지만, 사내 하청 노동자는 합법적인 '파견 노동자'가 아니다. '도급' 형식으로 고용되어 있거나 용역 회사의 정규직이기에 신청 대상이 아니라는 것이다. 이처럼 신청 대상이 제한되어 있고, 차별로 인정받더라도 보상은 적은 반면에 해고될 가능성은 높으니 신청자가 적은 것이 어쩌면 당연하다. 그리고 차별적 처우가 확인되더라도 차별이라고 판단된 액수만큼만 과태료를 내는 경우가 많으니 기업들은 법망을 피해 차별을 계속하는 것이다.

차별 시정 제도가 이른바 '정당한 차별'을 낳는 기능을 하는 것도 심각한 문제이다. 앞서 말했듯이, 이 제도에서는 동일하거나 유사한 업무를 하는 정규직이 있어야 차별을 인정한다. 우정사업본부에는 정규직과 비정규직이 동일하게 우편물 분리 업무를 하고 있다. 이 경우 '차별 시정' 대상이 될 가능성이 높다. 그러자 우정사업본부는 2014년 한 노무법인에 의뢰해 '우편집중국 인력구조 개선방안 마련을 위한 실태조사 연구용역'을 발주했다. 이 보고서에 따르면 정규직을 관리 업무에 집중 배치하고 비정규직에게 우편물 구분 업무를 전담해 직무를 분리하라고 제안하고 있다. 어떻게 해서든 직무를 분리해 차별 시정을 피해 가려는 속셈이었다.

정규직과 비정규직이 섞여 같은 일을 하더라도 정규직에게 조금이라도 책임성이 더 부여되어 있다면 같은 일로 보지 않기도 한다. 한국도로공사나 한국철도공사의 비정규직 전기 업무 보조원이 신청한 차별 시정 사건에서는 "정규직에게 책임과 권한이 있다."는 점에서 차별이라 볼 수 없다고 판단했다. 비정규직이라는 이유만으로 책임과 권한을 주지 않는 것 자체가 차별인데, 오히려 이 때문에 임금과 노동조건의 차별이 정당화되었다.

차별 시정 제도는 비정규직에 대한 차별을 없애기 위해 만들어졌으나, 기업들은 비정규직과 정규직의 직무를 나눠서 비정규직들에게는 책임과 권한을 없애고 이를 정당한 차별이라고 주장함으로써 차별을 합리화한다. 이런 맹점 탓에 차별 시정 제도는 사실상 힘을 잃고 있다. 제도의 허점만이 문제가 아니다. 기업들은 어떻게 해서라도 차별을 유지하고자 한다. 되도록 임금과 노동조건을 떨어뜨리려 하고, 노동자들을 차별하고 위계화해 이들을 쉽게 통제하려 한다. 그러므로 '제도'로 강제하는 것을 뛰어넘어 차별하는 기업에 대해 문제를 제기하는 사회 분위기가 만들어져야 하고, 차별받는 노동자가 자기 권리를 지켜 낼 힘을 지녀야 한다. 그렇지 않으면 어떤 제도도 유명무실할 것이다. 이미 그렇게 되어 버렸다.

노동자는 권리에 있어 평등해야 한다

차별은 인격과 존엄을 파괴하고, 노동의 가치를 무시하며, 개인을 무기력하게 만든다. 차별은 인간에 대한 폭력이다. 작은 차별이더라도 문제를 제기하고 변화시키지 않으면 삶의 존엄성이 훼손된다. 원래부터 낮은 업무는 없다. 차별은 정당하지 않다고 말해야 한다. 동시에 내가 차별 사다리에서 조금이라도 더 높은 칸에 있으면서 다른 이들이 차별당하는 것을 방조하고 있지 않은지도 생각해 봐야 한다.

차별은 쉽게 내면화된다. 차별 문제를 제기하면 내 일자리가 위태로워지고 언제든 해고될 수 있다고 생각하는 순간, 우리는 이 현실을 외면할 변명거리를 만들어 낸다. 잠시 일하는 자리라고 치부하거나, 아무 생각 없이 일만 하면서 버티거나, 어쩔 수 없다며 체념하기도 한다. 매번 불쑥불쑥 다가오는 일상적 차별과 모욕을 견딜 방법일지도 모른다. 그러나 노동자들이 차별을 내면화할수록 차별 구조는 유지된다.

간혹 공공 부문에서 일하는 무기 계약직 노동자들이 차별에 대해 불만을 제기하면서 "우리가 정규직 공무원처럼 해달라는 것은 아니"라고 할 때가 있다. 그 말에는 "우리는 그 사람들과 다르다고 생각하므로 거기까지는 꿈도 안 꾼다. 다만 지금 상태가 너무 심하니 개선해 달라."는 의미가 담겨 있다. 자신의 낮은 처지를 당연한 것으로 간주하고 올라갈 위치의 한계까지 정해 둔 것이다.

정규직들도 쉽게 차별을 내면화하고 정당화한다. '저 사람이 하는 일은 차별해도 된다', '나이가 많으니까(어리니까) 차별해도 된다', '나는 이곳에 들어오기 위해 남들보다 더 많이 노력했으니 대우받는 것은 당연하다.' 등의 생각들 모두가 차별의 내면화이다.

중소·영세 사업장에서 한국인 노동자들이 이주 노동자들을 함부로 대하거나, 심지어 비정규직이 자신보다 낮은 지위의 비정규직을 차별하는 경우도 많다. 일하는 곳이 너무 힘들고 임금과 노동조건이 나빠서 맡은 일에 자존감을 갖기 어려울 때 더 낮은 위치에 있는 이들과 자신을 구별함으로써 자존감을 지키려는 경우도 있다. 이런 풍경은 차별당하는 사람뿐만 아니라 차별하는 사람의 자존감도 무너져 있음을 보여 준다.

여기서 벗어나기란 쉽지 않다. 이미 사회에 구조화된 차별이 쉽게 바뀔 리도 없다. 차별 문제를 제기하고 현실을 바꾸기 위해서는 용기가 필요하다. 대학에서 청소 노동을 하는 이들은 노동조합을 만들고 자기 목소리를 낸 순간, 세상이 달리 보이기 시작했다고 말한다. 청소 노동에 대한 사회적 편견은 여전하고 임금은 낮으며 고용도 불안하지만, 노동조합을 만들고 나서 자신의 권리를 '당당하게 말할 수 있게' 되었다고 한다. '당당하게' 말한다는 것은 스스로 존엄성을 부여하는 행위이다.

모두가 지금 당장 노조를 만들고 집단적인 목소리와 힘을 내기란 어려울 것이다. 하지만 설사 당장 변화시키지 못하더라도 차별을 내면화하지 않고 잘못된 현실을 인식하는 것만으로도 큰 힘이 될 수 있다. 지금 있는 차별이 과연 정당한지를 의심하고, 자신의 존엄성을 훼손하는 차별은 정당하지 않다고 거듭 새기며, 내가 하고 있는 일이 내 인격을 말해 주는 것이 아님을 잊지 말아야 한다. 당장의 현실을 바꾸지 못하는 상황에서 이 차별이 정당하지 않다고 받아들이기는 고통스럽지만, 그럼에도 그 고통을 기억하고 새겨야만 어느 순간 이를 변화시킬 집단적인 힘이 형성된다. 차별에 민감할 것, 그 어떤 차별도 쉽게 받아들이지 않을 것, 이것이야말로 변화의 첫걸음이다.

아프고 죽고 다치면서 일해야 하나?

2015년 '세월호참사국민대책회의 존엄안전위원회'와 '산재사망 대책마련 공동캠페인단'이 발표한 '2015년 최악의 살인 기업' 제조업 부문에서 1위로 꼽힌 기업이 현대중공업이다. 현대중공업은 '산재 공화국'이라고 불린다. 지난 10년간 현대중공업에서 70명이 넘는 노동자가 목숨을 잃었고, 2014년 한 해에만 하청 노동자 13명이 사망했다.

현대중공업 하청 노동자가 이 같은 처지에 놓인 것은 원청회사인 현대중공업이 위험한 업무를 하청에 떠넘기고, 안전 설비를 갖추는 등의 안전 및 감독 의무를 방기했기 때문이다. 심지어 정부는 2014년 현대중공업의 산재보험료 가운데 170억 원을 감면했다. 산업재해가 줄었다는 이유로 혜택을 준 것인데, 이는 원청회사의 산재 사고만 따진 것이다. 산업재해의 책임에서 벗어나고자 위험한 업무를 하청에 떠넘긴 사실은 고려되지 않았다.

노동자는 누구나 살기 위해 일한다. 죽지 않고 다치지 않고 건강하게 일할 권리는 모든 노동자의 권리이다. 하지만 비정규직은 더욱더 위험에 노출된다. 현대중공업만의 문제는 아니다. 안전시설에 투자하기보다는 위험한 일을 하청 업체로 넘겨 버리고, 하청 업체는 인원을 줄여 인건비를 착복하는 현실에서 노동자들은 '죽음의 노동'을 하고 있다. 이런 일이 앞으로 벌어지지 않도록, 더욱 건강하고 안전하게 일할 수 있도록 '건강하게 일할 권리'를 이야기해야 한다.

비정규직이라는 이유로 파괴되는 건강권

2005년 국가인권위원회가 비정규직 노동자들의 건강권 실태를 조사한 적이 있다. 조선 업종의 비정규직과 여수산단(여수국가산업단지)의 건설 노동자들, 철도공사 비정규직 노동자들의 건강권 실태를 조사하는 과정에서 이들의 건강권이 심각하게 위협받고 있다는 것이 밝혀졌다. 조사에 따르면 비정규직 노동자들은 정규직보다 더 위험한 공정에서 노동강도가 센 일을 하며 유해한 물질을 취급하므로 건강에 이상이 생길 위험이 큰 것으로 나타났다. 직무 스트레스를 받는다는 응답도 비정규직은 33.5퍼센트로, 9.1퍼센트인 정규직보다 훨씬 더 많이 긴장하면서 일하고 있었다.

비정규직 노동자들은 장시간 일한다. 부족한 생활비를 잔업과 특근으로 메꿔야 하기 때문이다. '비정규직 없는 세상 만들기 네트워크'에서 공단 지역 비정규직과 사내 하청 노동자 실태를 조사한 바에 따르면 주당 60시간이 넘도록 일하는 사람이 15퍼센트가 넘었다. 매일 잔업에 토요일·일요일 특근까지 한다는 이야기이다. 건설 노동자들은 주당 65~70시간, 조선 업종 노동자들은 66~84시간, 철도 노동자들은 59~63시간 일하고 있었다. 레미콘이나 덤프트럭을 운전하는 노동자들은 조금이라도 더 벌기 위해 더 많이 일해야 한다. '탕 뛰기'(시간당 계산을 하는 대신 차량 한 대가 한 번 왕복하는 것을 기준으로 금액을 책정하는 방식)를 얼마나 하는지에 따라 임금이 달라지기 때문이다. 간병 노동자들 가운데 상당수가 1일 24시간 주 6일 연속 노동(주 144시간)이라는 엄청난 장시간 노동을 한다. 최저임금에 가까운 시급을 받는 상황에서 임금을 높일 유일한 방법이다. 긴 시간 노동, 휴식 없는 특근이 이어지면서 노동자들의 몸은 망가진다.

비정규직 노동자들은 아파 보인다는 말을 두려워한다. 몸뚱이 하나로 버티는데 몸이 안 좋다는 것은 더는 일할 수 없다는 말과 같기 때문이다. 조선소 하청 기업들은 '채용 시 신체검사'를 하는데, 이는 건강 상태를 파악해 적합한 일자리에 배치하기 위해서가 아니라 건강하지 않은 사람을 솎는 장치이다. 건강을 잃으면 일자리에서 퇴출되기에 노동자들에겐 공포 그 자체이다.

비정규직들은 더 위험한 업무를 맡는다. 설사 정규직과 동일한 업무에 투입되더라도 업무 자율성이 없는 상태에서 일하므로 각종 사고의 위험은 더 높다. 근골격계 증상도 많이 나타났다. 비정규직으로 일하면서 차별받고 부당한 일을 겪으며 모욕감을 느끼는 과정에서 받는 직무 스트레스와 피로감도 크다. 같은 일을 해도 피곤하고 힘든데, 더 유해하고 위험한 업무를 하는 이들의 건강이 좋을 리없다.

철도공사는 예외적으로 "비정규직들은 위험성이 없는 업무를 부여한다."고 정한 바 있다. 공기업이라 비정규직을 투입할 명분을 만들기 위해서였다. 하지만 이 경우에도 비정규직 노동자가 위험성이 없는 업무만 맡는 것은 아니다. 계약직 노동자가 아닌 하청 노동자들은 대체로 위험한 업무에 투입되었다. 2011년 인천공항철도 계양역에서 일하던 노동자들을 열차가 덮쳐 다섯 명이 사망한 사고가 있었다. 철도공사는 노동자들이 안전 지침을 어기고 보수하러 들어갔다고 주장하지만, 노동자들은 전부터 그렇게 일해 왔다면서 기차가 들어오는 시간을 제대로 전달받지 못했고, 안전 요원도 없었다고 이야기한다.

2013년에는 한빛원전에서 하청 업체 노동자가 사망했다. 안전작업 지침서도 없었고 안전 담당자도 없었다. 여수산단의 건설 노동자들은 주로 철거 및 배관 파이프라인을 철거하고 청소 작업을 하는 셧다운(대정비) 기간에 고충이 심하다고 토로했다. 파이프 등에 남아 있는 보온재 분진 등을 그대로 들이마시며 일해야 했기 때문이다. 조선 업종에서도 대다수의 하청 업체가 위험하고 힘든 일을 도맡는다. 예를 들어 선박을 건조할 때 가스가 차서 위험한 탱크 안에 들어가는 등 일반적으로 기피되는 업무를 하청 업체가 배당받는다. 이렇게 위험한 업무를 하는데도 업체들은 비용을 줄이기 위해 안전 장비를 제대로 갖추지 않는 경우가 많다. 방진 마스크 대신 일반 마스크를 지급하거나, 원래 한 번 쓰면 버려야 하는 마스크를 여러 번 사용하게 하거나, 심지어 정규직들이 쓰고 버린 것을 모아서 주기도 한다. 안전 장비 지급량이 부족하기 때문이다.

여성 비정규직이 많은 서비스 업종에서는 노동강도를 강화하고 스트레스를 가중하는 감정 노동이 문제가 된다. 무조건적인 친절을 강요하다 보니 고객들의 성희롱도 참고 견디게 하고, 고객들이 더 편하게 느껴야 한다는 이유로 서서 일하기를 강요한다. 요식업 종사자들에게는 무릎을 꿇고 앉아 주문받게 하기도 한다. 철도공사의 자회사인 코레일관광개발도 KTX 여승무원들에게 무릎을 꿇고 승객들에게 서비스하도록 지시하기도 했다. 이럴 경우 노동자들은 관절염을 비롯한 신체 이상이 생기고 정신적 스트레스도 커진다. 학습지 교사는 업무 특성상 여러 질병에 노출되는데, 잦은 이동과 늦은 귀가 탓에 염좌나 골절 사고가 잦다. 또한 매출(과목 확장)에 대한 스트레스에 시달리면서 위장·심혈관계 질환도 빈번하다. 무리한 업무를 감당하는 학습지 교사 중에는 유산 경험이 있다는 노동자가 5.4퍼센트나 된다. 그럼에도 노동자가 아니라는 이유로 오랫동안 산재보험에 가입하지 못했다. 지금은 산재보험에 가입할 수 있지만 개인이 그 비용을 감당해야 하므로, 오히려 노동자들이 산재보험 가입을 기피하는 실정이다.

비정규직 노동자들은 나쁜 노동조건 탓에 몸과 마음이 병든다.

병이 들면 다시 일하기 어려워진다. 건강검진도 정규직만 받는 경우가 많고, 더 위험한 곳에서 일하는 비정규직들은 검진 대상에서도 제외된다. 이런 구조 속에서 비정규직들이 더 많이 다치고 더 많이 죽지만, 제대로 보호받고 치료받기를 기대하기 어렵다.

제대로 치료받을 권리가 없는 비정규직 노동자들

비정규직 노동자들은 다쳐도 제대로 치료받지 못한다. 병원 식당에서 일하는 이들은 반복되는 칼질에 어깨와 손목에 무리가 가고, 설거지할 때 세제를 많이 사용해 두통이 생긴다. 식판이나 식재료 등을 들고 내리면서 목과 어깨, 허리에 근골격계 질환이 나타난다. 그럼에도 다치면 관리자들의 표정이나 말투가 달라지니 오히려 주눅이 들어 다쳤다는 이야기도 못 하고 자비로 치료하곤 한다. 언제라도 해고될 수 있는 입장에서 산재 처리는 꿈도 못 꿀 일이다. 물론 산재 처리 중에는 해고할 수 없다. 그럼에도 다른 이유를 붙여 해고당할 수 있는 것이 비정규직이다.

2015년 여름, 무려 36명이 사망한 메르스(중동호흡기질환) 파동이 찾아왔을 때 서울아산병원에서 확진 판정을 받은 청원경찰은 마스크조차 하지 않은 상태였다. 사설 구급차를 운전하는 노동자와 동승 요원도 환자를 이송하던 중에 감염되었는데, 이들에게는 보호장구가 제대로 지급되지 않은 것으로 밝혀졌다. 삼성서울병원의 안전 요원, 메르스 환자가 있던 병실의 간병인, 삼성서울병원의 환자 이송 노동자 모두 비정규직이라는 이유로 관리 대상에서 제외되었다가 감염되었다. 이들에게는 메르스 관련 정보도 제대로 제공되지 않았다. 전염성 질환이 비정규직만 피해 가는 것도 아닌데, 비정규직 노동자들은 유령 취급을 받았다.

2013년 노동환경연구소가 발표한 "청소·간병 노동자의 병원감염 실태와 개선 방안"에 따르면, 서울대병원에서 간병 노동자의 15퍼센트, 청소 노동자의 14.3퍼센트가 환자로 인해 감염되었지만 이들 중 96.1퍼센트가 자기 돈으로 치료를 받았다. 간호사들은 검진받거나 예방주사를 맞을 수 있지만, 간병 노동자들은 그 병원의 직원이 아니라는 이유로 예방주사 접종 대상에서 제외되기도 했다. 노동조합이 문제를 제기해 접종할 수 있게 되었지만, 여전히 많은 병원에서 간병인들은 예방주사 및 검진 기회를 누리지 못한다.

골프장에서 경기 보조원으로 일하는 노동자들은 골프공에 맞으면 산재로 처리되기는커녕 손님의 진로를 방해한 죄로 징계를 받는다. 다음 날 몸이 아파도 출근해서 벌 청소를 해야 한다. 만약 산재 처리를 신청하거나 아프다고 나오지 않으면 그곳에서 더는 일할 수 없기 때문이다. 대부분의 기업들이 노동자들이 다치거나 아프면 개인 책임으로 돌리기 바쁘다. 안전 장구를 제대로 착용하지 않았다며 불이익을 전가한다. 비정규직은 아프거나 다쳐도 제대로 치료받지 못한 채 일하는 것이다.

비정규직 노동자들은 일하다가 다쳐도 산재 신청을 하기 어렵고,

신청해도 산재로 인정받지 못하는 일이 허다하다. 현재의 〈산업재해보상보험법〉은 모든 기업에 적용된다. 노동자가 한 명이라도 고용된 사업장의 사업주는 보험료를 납부해야 하고, 노동자는 산재보상보험의 혜택을 받게 되어 있다. 하지만 산재 신청을 하기 어려운 사정은 둘째 치더라도, 비정규직은 워낙 임금이 적어 산재 요양 급여 또한 낮기에 산재가 인정되더라도 수급비로는 생계를 유지하기 어렵다. 어렵사리 치료를 받고 현장으로 돌아가 보면 일할 곳이 사라져 있기도 하다.

어떤 대규모 조선소에는 '산재 블랙리스트'가 있다는 소문도 있었다. 하청 업체 노동자가 산재 신청을 하면 원청이 그 하청 업체와의 계약을 해지하기 때문에, 산재를 당한 노동자에게 동료들이 산재 신청을 하지 말고 공상 처리(공무 중 당한 재해를 사업주가 직접 보상하는 것)를 요구하는 경우도 있었다. 산재 신청을 하면 해당 기업은 근로 감독을 받는다. 그러니 기업들은 산재 신청보다는 공상 처리를 하도록 요구한다. 공상 처리를 해도 치료비와 임금이 나오니 노동자들도 순순히 응한다. 크게 다치거나 사망하지 않는 한 산재 신청을 해서 회사에 밉보일 이유가 없기 때문이다. 그런데 공상 처리를 하면 나중에 후유 장해가 오더라도 제대로 보상받지 못하며, 회사가 마음대로 치료 기간을 단축해도 거부할 수 없으므로 완전히 낫지 않았더라도 일해야 한다.

비정규직 노동자들도 4대 보험에 가입할 수 있지만 그러지 않는 경우가 많다. 가뜩이나 임금이 적은데 보험비까지 공제되면 실수령

액이 줄기 때문이다. 그래서 비정규직들은 지역 의료보험료를 내는 경우가 많다. 또 일하는 시간이 길어 병원을 찾기도 어렵다. 치료비가 부담스러워 병원에 잘 가지도 않는다. 아프다는 것이 알려지면 해고당할까 봐 아프다는 말도 하지 않는다. 건강하게 일할 권리는 비정규직 노동자들을 비껴가고 있다.

왜 이런 일이 벌어지는가

"서서 일하는 노동자들에게 의자를!"이라는 캠페인이 있었다. 백화점이나 대형 할인점에서 온종일 서서 고객을 맞이하는 이들은 하지 정맥류가 생겨 다리가 울퉁불퉁해지기도 하고 피로감도 매우 높다. 그래서 2008년 서비스 노동자들이 앉을 의자를 놓자는 소박한 캠페인이 전국적으로 벌어졌다. 캠페인이 사회적인 반향을 불러일으키면서 의자를 놓은 곳도 많지만, 여전히 많은 백화점이나 할인점에서 노동자들은 서서 일한다. 노동자의 안전 및 건강을 보호·증진할 의무가 〈산업안전보건법〉에 명시되어 있음에도 사업주들은 여전히 이를 지키지 않는다. 이유는 간단하다. '고객들에게 친절해야 하기 때문'이다.

1987년 이후 노동조합이 만들어지면서 권리가 주장되기 시작했다. 임금을 인상하고 노동조건도 개선해야 했지만 특히 '죽지 않고 일할 권리'가 중요했다. 그래서 노동조합에는 '산업 안전'을 담당하는 부서가 만들어졌다. 유해·위험 업무에 대해 알 권리, 안전 설비를 요구할 권리, 위험 작업을 중지할 권리, 노동강도를 줄일 권리를 되찾으려는 노력이 계속되었다. 기업들은 노동자들의 건강권을 지키는 비용을 책정하는 데 인색하다. 노동자들이 다쳤을 때 지급하는 보상금보다 안전장치나 작업환경을 개선하는 데 비용을 들이는 것을 더 부담스러워한다. 그래서 작업환경을 개선하는 대신에 그 자리를 비정규직으로 채웠다. 자기만 위험한 작업을 하지 않으면 된다고 여긴 정규직 노동자들도 작업장 환경을 개선하고자 적극적으로 나서기보다는, 비정규직을 투입하는 것을 묵인했다.

파견이나 용역, 도급 등 간접 고용에서는 건강권 문제가 더욱 심각하다. 하청 업체들은 원청과의 계약에 기업의 생존이 달렸다. 그러다 보니 원청 업체의 요구를 거절하지 못한다. 원청은 여러 하청 업체들을 경쟁시키면서, 산재가 발생한 하청 업체와는 용역 계약을 해지한다. 하청 업체들은 산재가 많아지면 원청 업체와 재계약하기 어렵다고 여겨 수단과 방법을 가리지 않고 산재 처리를 하지 못하게 한다. 산재 사고가 계속 벌어져도 원청 업체의 무산재 일수는 올라간다. 원청에서는 도급 및 용역 단가를 낮추고 필요한 안전시설을 마련하지 않아 산재가 발생할 수밖에 없게 하고도 산재 사고를 낸 하청 업체에 불이익을 주고, 산재는 은폐되며, 그 사업장은 무재해 사업장으로 남는다. 그 과정에서 노동자들은 다치고 죽는다.

산재 처리가 이렇다 보니 산업 안전 교육이 제대로 될 리 없다. 산업 안전 교육은 기업의 의무 사항이지만 정규직에게만 해당할 뿐,

대다수 하청 업체들은 조회 시간에 몇 마디 한 것으로 교육을 이수했다고 보고한다. 게다가 법률상으로 하청 업체가 작업상 필요한 안전 책임을 맡고 있는데 이들은 그런 비용을 감당할 수 없다. 결국 안전시설은 항상 미흡하고, 법률상 책임이 면제된 원청 또한 안전장치를 제대로 갖추지 않는다. 그 결과 하청 노동자가 일하는 작업현장은 각종 위험에 노출된다.

또한 하청 업체들은 낮은 단가로 원청 업체들과 계약한다. 그 업체가 아니더라도 원청회사와 계약하려는 업체들은 줄을 서있다. 도급 단가가 낮으니 하청 업체는 노동자 수를 대폭 줄이고, 한계 상황까지 일을 시켜 낮은 단가를 만회하려 한다. 그래서 최저임금이 지급되고, 노동자들은 낮은 임금을 벌충하고자 장시간 일한다. 하청 업체가 일하는 사람 수를 최대한 줄여 더 많은 이윤을 남기려 하니 노동강도는 매우 높아진다. 이런 악순환에 빠진 파견·하청·도급 노동자의 건강은 악화된다. 해마다 가장 많은 사망자가 발생하는 건설업계 노동자들도 이런 다단계 하도급 구조로 고통을 받고 있다.

앞서 말했듯이 비정규직 노동자들은 아프다고 하지 못한다. 건강에 문제가 생기는 순간 계속 일하기 어렵기 때문이다. 고용 결정 권한을 회사가 쥐고 있는 상황에서 자신의 취업 인생을 걸고 작업환경에 문제를 제기하거나 산재 처리를 할 수 있는 사람은 드물다. 따라서 건강한 작업환경을 만드는 것은 비정규직의 고리를 끊는 데서 시작된다.

건강하게 일할 권리를 위해

건강하게 일하려면 일하는 시간이 줄어야 한다. 그러려면 생활임금이 보장되어야 한다. 최저임금 수준의 소득만으로 생활하기 어려우니, 임금이 늘지 않는 한 일하는 시간을 줄일 수는 없다. 그래서 노동시간 단축에 대한 논의에는 노동자들의 저임금 문제가 함께 다뤄져야 한다.

각종 제도도 고쳐야 한다. 원청회사가 하청 업체를 포함한 모든 노동자의 산재 보상을 책임지게 해야 한다. 산재 신청을 할 때 사업주의 동의를 얻게 하는 조항을 조정해야 한다. 비정규직 노동자들은 산재 신청을 하기도 어렵고, 하청 업체 사장이 원청의 눈치를 살피느라 동의하지 않는 경우도 많다. 동의 없이도 산재 신청을 하기가 불가능한 것은 아니지만, 산재로 인정받기까지 매우 어려운 길을 걸어야 한다. 그리고 저소득·비정규직 노동자들은 산재 요양 급여를 더 높은 비율로 책정해야 한다. 비정규직에게도 건강검진 기회가 부여되고, 보호구를 비롯한 소모품이 온전히 지급되어야 한다. 실질적인 안전 교육도 진행되어야 한다. 유해하고 위험한 작업에 도급을 허용해서는 안 된다. 어떤 작업장이 유해하고 위험한지 체계적이고 전문적으로 평가될 필요도 있다. 산재를 은폐했다는 사실이 밝혀진 사업장을 강력히 처벌해야 한다. 산재 입증 책임을 노동자가 아니라 사용자가 지게 해야 한다.

이렇게 이야기하고 나니 답답해진다. 이런 문제들을 몰라서 비정규직 노동자들의 건강권이 위협받는 것이 아니기 때문이다. 누구나 해법을 알지만 현실화하지 못하고 있는 것이다. 사업주가 제대로 처벌받지 않기 때문이다. 노동자 건강권을 요구해 왔던 단체들은 2015년 '중대 재해 기업 처벌법'을 입법청원했다. 기업 이윤만 추구하는 탓에 산재 사망을 방조하거나 시민들을 위험에 빠뜨린 법인 및 경영 책임자를 처벌하고, 제대로 관리·감독을 하지 않은 공무원도 처벌하는 법이다. 지금처럼 사업주에게 솜방망이 처벌이 계속되는 한 노동자들의 죽음은 계속될 것이 분명하다. 비정규직 노동자들이 현장에서 적극적으로 작업환경 개선을 요구하지 못하고 있는 것도 큰 문제이다. 사고를 개인의 책임으로 돌려서도 안 되며, 개인이 부주의해 다치거나 아픈 것이라고 인식해서는 안 된다. 누군가가 일하다가 다치거나 아프다면 나도 언젠가 그럴 수 있다. 모두의 건강권을 위해 작업환경을 개선하는 데 적극적으로 나서야 한다.

'30분 배달제'가 유행한 적이 있었다. 주문한 지 30분 내로 피자를 배달한다고 홍보했는데, 사람들은 음식을 빨리 받을 수 있어서 좋다고 생각했을 뿐, 배달 노동자가 얼마나 위험하게 '곡예 운전'을 해야 하는지는 헤아리지 못했다. 사람들에게 노동자의 건강권이나 안전할 권리가 중요하게 인식되지 않았던 것이다. 그러다가 배달 시간에 맞추기 위해 무리하게 오토바이를 몰던 20세 청년이 사고로 목숨을 잃자, 30분 배달제가 얼마나 무리한 노동을 부과하는지 알게 되었다.

이처럼 비정규직 노동자의 건강권에 대한 사회적 관심이 환기되어야 한다. 고객 옆에 무릎을 꿇는 '퍼피독puppy dog 서비스'가 노동자의 관절을 망가뜨리고, 서서 일하는 노동자가 하지 정맥류로 시달리며, 공사 기간을 단축하는 것이 노동자의 위험도를 높이고 있는 실정은 거의 이야기되지 않는다. 고려할 대상이 아니었다. 그저 친절 서비스와 공사 기간 단축에 따라 늘어난 이익만이 관심의 대상이었다. 하지만 노동자의 건강권을 보장하지 않는 기업은 불산(플루오린화수소산) 같은 유해 화학물질도 제대로 관리하지 않을 것이다. 공사 기간을 단축하려고 서두르다가 사람들을 위험에 빠뜨린 건설업체가 건물을 안전하게 지을 리 없다. 이들에게는 생명보다 돈이 우선하기 때문이다. 노동자들에게 눈을 돌리게 해야만 사회의 안전도 보장된다.

불안정한 노동은 피할 수 없는가?

쌍용자동차에서 정리 해고를 당하거나 희망퇴직이라는 이름으로 쫓겨난 사람들과 그 가족이 하나둘 목숨을 끊었다. 2015년 스물여덟 번째 죽음을 맞이하면서, 우리 사회는 정리 해고가 얼마나 심각한 문제인지를 깨달았다. 열심히 일하던 사람들이 어느 날 갑자기 일자리를 빼앗겼고, 회계 조작에 의한 부당 해고라고 외쳤지만 돌아온 것은 구속과 손해배상, 가압류였다. 그 지역에서 일자리를 구할 수 없었고, 쌍용자동차에 다녔다는 사실이 알려지면 애써 구한 비정규직 일자리에서도 쫓겨났다. 그렇게 벼랑으로 몰린 28명의 우주가 사라졌다. 해고되면 먹고살기도 어렵지만 자신이 버려졌다는 생각에 자신감을 잃고 사회적 관계망마저 파괴된다.

사람들은 안정적인 삶을 꿈꾼다. 좋은 직장에서 오래 일하며 미래를 설계하고자 한다. 그런데 우리 사회에서는 대다수가 고용 불안에 떨고 있다. 비정규직은 두말할 나위도 없다. 고용 권한이 기업에 있으므로 비정규직들은 언제 나가라고 할지 몰라 노심초사한다. 언제라도 해고될 수 있다는 것은 삶을 불안정하게 만들고 미래를 기약할 수 없게 한다. 현실은 생각보다 잔인하다.

불안정한 삶, 불안정한 일자리가 주는 공포

2008년 6월 일본의 아키하바라에서 살인 사건이 있었다. 한낮의 대로변에서 사람들을 트럭으로 치고 칼로 찔러 죽인 사건이었다. 많은 일본인들이 경악했지만 범인이 파견 노동자라는 사실이 알려지자 그런 잔인한 범죄를 만들어 낸 사회를 돌아보게 되었다. 그는 "생활에 지쳤다. 세상이 싫어졌다. 누구든 죽이고 싶었다."라고 범행 동기를 진술했다. 고등학교를 졸업한 뒤 파견 노동자로 사회생활을 시작한 그는 미래를 그릴 수 없었다. 불안정한 생활이 계속되자 마음속에 분노가 쌓였다. 결국 그가 선택한 것은 무차별 학살이었다. 불안정한 삶은 사람을 지치고 분노하게 한다. 하지만 그 분노의 대상이 불분명하기 때문에 오히려 사회적 약자들을 괴롭히거나 불특정 다수를 향해 그 분노가 쏟아지기도 하는 것이다.

우리나라 노동자들은 분노와 불안을 삭이다 못해 죽음에 이르기도 한다. 한국전력 전남 지사의 한 지점에 입사한 비정규직 남성이 있었다. 대체 인력 없이 혼자 배전 설비 관리 업무를 담당했고 야근이나 휴일 근무도 잦았다. 1년에 한 번 정규직으로 전환하는 제도가 있었으나 그는 계속 탈락했고, 퇴출에 대한 불안함에 시달리며 어지럼증과 불면증, 두통을 호소했다. 잠을 이루지 못하는 날도 많았다. 경련과 폐렴이 겹쳐 사망했다. 근로복지공단은 업무상 재해를 인정하지 않았으나 서울행정법원은 이를 인정했다. 비정규직으로 근무한 기간 동안 고용 불안에 따른 심한 스트레스를 받았음이 인정된 것이다.

우리는 직업을 통해 자신의 존재감을 확인한다. 내 자리가 있다는 사실로부터 내가 사회 안에서 의미 있는 존재임을 확인한다. 동시에 일자리를 통해 사회적인 관계망을 형성한다. 핵가족화되고 친척 관계도 친밀하지 못한 상황에서 내가 어려움을 겪을 때 나를 도와주는 사람은 오랫동안 같이 일한 동료들이다. 그런데 비정규직이라는 이유로 고용이 불안정하고 여러 회사를 전전하면 존재감이 불확실해지고 사람들과 제대로 된 관계를 맺기 어렵다. 반월·시화공단에서는 새로운 노동자가 입사하면 사흘 동안 이름도 묻지 않는다고 한다. 파견 노동자들은 금방 퇴사할 가능성이 높기 때문이다. 그 사흘을 넘겨도 서로 이야기하기까지는 3개월이 걸린다고 한다. 짧게 일하고 짧게 사라지는 사람들에게 관심을 보이고 이야기 나누는 걸 에너지 낭비라고 생각한다는 것이다. 그러니 비정규직들은 사회적 관계도 협소해지고 자신이 정말로 이 회사에 필요한 사람이라고 느끼기 어렵다.

고용에 대한 비정규직의 불안함은 생각보다 훨씬 크다. 계약직 노동자들은 재계약 시기가 다가오면 알아서 야근을 하고, 설령 몸이 아파도 출근한다. 휴가를 쓰는 것이 재계약에 불리하게 작용할까 봐 두려워하는 것이다. 하청 노동자들은 해마다 12월경 업체가 바뀔 때마다 고용이 승계될지에 온 신경을 집중한다. 일이 손에 안 잡힐 정도로 불안함이 가중된다. 대학에서 학생들을 가르치는 비정규 교수들은 "수업을 하게 되었다."는 전화가 오기 전까지는 자신이 계속 일할 수 있는지 아닌지 알 수 없다. 그러니 겨울방학 때에는 전화기를 손에서 놓지 않으며, 혹시라도 전화벨이 울렸는데 받지 못했을까 봐 불안해하면서 몇 번씩 전화기를 확인한다고 한다.

해고에 대한 두려움은 기업이 노동자를 통제하는 가장 강력한 무기이다. 설령 해고하지 않더라도 그럴 수 있다는 가능성만으로도 비정규직은 알아서 열심히 일하거나 눈치를 보게 된다. 직장 상사가 부당한 일을 요구해도 받아들인다. 경북대학교 병원에서 일하는 정규직 방사선사가 비정규직에게 방음벽 설치비를 내라고 요구하거나, 동원 예비군 훈련으로 자리를 비우는 동안 대체 인력을 투입할 비용을 내놓으라고 요구한 일이 알려졌다. 이 정규직 노동자는 심지어 자신의 동문회비 납부 내역 파일 작성까지 비정규직 노동자들에게 시켰다. 이런 요구를 따를 수밖에 없었던 것은 정규직에게 잘못 보이면 해고당할 수 있기 때문이다. 특히 경북대병원에서는 이 정규직 노동자를 징계한 뒤 원래 일하던 일자리로 돌려보내, 그 사실을 알린 비정규직 노동자와 함께 일하게 했다. 비정규직 노동자들이 느끼는 공포에는 개연성이 있다.

비정규직들은 일상생활에서도 무시당하고 차별받는다고 느낀다. 이는 직무 스트레스, 정신·신체 장해, 결근율 증대, 피로도 증가로 이어진다. 게다가 항상 실직할지 모른다는 불안함에 시달리며, 실제로 그렇게 되었을 때 받는 정신적 스트레스가 심각하다. 계약기간이 끝나면 구직 활동을 하느라 바쁘다. 때로는 직업 원정을 가기도 한다. 생계를 책임진 사람이 한두 달 쉬면 바로 가계 부채로 이어지고, 그 결과 가정생활까지 위태로워진다.

비정규직은 임금이 낮아서 가까운 미래조차 대비하지 못해 실업에 대한 공포가 더욱 크다. 그래서 몸을 상해 가며 일하면서도 일자리가 있다는 사실만으로 감사히 여긴다. 그렇지만 사실 마음속으로는 불안이 커지고 삶의 희망을 잃게 된다. 우리 사회는 기업 경쟁력이라는 미명 아래 비정규직을 양산함으로써, 노동자들의 불안을 키우고 미래의 희망을 빼앗고 있다.

일하지 못하는 것이 비정규직의 책임인가

지자체마다 방문 간호사가 있다. 건강에 취약한 독거노인 등이 사는 곳을 찾아가 보살피고, 각종 건강관리 서비스를 제공한다. 그런데 경기도 화성시에서 일하던 방문 간호사 한 명이 2013년 말 재계약에서 탈락했다. 보람을 느끼며 열심히 일했는데 왜 재계약에서 탈락했는지 알 수 없었다. 탈락 이유를 문의하자, 화성시청과 위탁

계약을 한 중앙대산학협력단 방문건강센터에서는 "평가 점수가 낮다."는 이유를 댔다. 하지만 받아들이기 힘들었다. 성실하고 사업에 대한 기여도가 높다는 공로로 표창장도 받았고, 대상자들이 원하면 주말에도 찾아가 일했는데 평가 점수가 낮다는 것을 이해할 수 없었다. 그래서 만족도 평가를 했다는 대상자들을 일일이 확인했지만 대부분 만족도 평가 전화를 받은 적이 없다고 했다. 그동안 회사의 부당한 관행에 문제 제기를 한 것이 탈락 이유였다고 여길 수밖에 없었다.

이는 이례적인 사례가 아니다. 대다수 비정규직 노동자들은 이유 없이 재계약을 거부당한다. 회사의 불합리한 정책에 불만을 제기하거나 노조 활동을 한 경우 재계약에 실패하기도 한다. 2013년 말 수자원공사에서 일하는 비정규직 노동자들은 집단적으로 계약 해지를 당했다. 수자원공사의 청소 업무를 위탁한 대한민국특수임무유공자회와 시설 관리 업무를 위탁한 두레비즈가 노조 간부 네 명을 포함한 10명을 재계약 대상에서 제외한 것이다. 수자원공사 비정규직 노동자들은 노동조합을 만든 지 5년이 지났고 그동안 문제없이 고용이 승계되었으며, 정부에서 발표한 "상시·지속적 업무 담당자의 무기계약직 전환기준 등 공공부문 비정규직 고용개선 추진지침"에도 "공공 기관의 하청 업체는 특별한 사정이 없는 한 고용을 승계해야 한다."라고 명시되어 있다. 그러나 2014년 새로 용역 계약을 체결한 대한민국특수임무유공자회와 두레비즈는 '특별한 사정'을 발견했다. 바로 노동조합이었다. 노동조합을 인정하지 않으려는 이들은 지회장을 포함한 조합원들을 해고했고, 수자원공사는 이를 묵인하고 방조했다.

경제 위기 이전에는 비정규직이라고 해서 고용이 불안정하지는 않았다. 임금과 노동조건에서 차별이 있기는 했지만 고용만은 어느 정도 안정적이었다. 그래서 정부에서 비정규직 통계를 낼 때도 1년 이상 계약해 일하는 노동자를 '상용직'으로 간주했던 것이다. 그러나 경제 위기 이후 상황이 달라졌다. 기업들은 급변하는 경제 상황에 따라 자유롭게 노동자들을 해고할 수 있기를 원한다. 중소·영세 사업장 또한 원청인 대기업에서 조절하는 물량에 따라 노동자들을 고용 및 해고할 수 있기를 원한다. 노동자들의 고용은 불안정해지고 있다.

기업은 노동자들을 정규직으로 전환하지 않기 위해 해고하기도 하지만, 해고하는 것이 어려울까 봐 노동자들을 단기로 고용하기도 한다. 최근에는 6개월짜리 단기 계약직도 늘어났다. 자동차 대공장에서는 3개월짜리 한시 하청 비정규직도 늘고 있다. 3개월 일하고 일주일 쉬고, 다시 와서 3개월 일하기를 반복하는 것이다. 4대강 사업으로 조성한 부산 지역 공원 등을 관리하는 부산시 낙동강관리본부는 노동자들을 2개월, 3개월, 4개월 단위로 계약을 체결하다가 11개월째가 되면 해고하는 방식으로 고용을 파편화했다. 무기 계약으로 전환하지 않기 위해서였다. 이렇게 단기로 고용하다가 회사에 위기가 닥치거나 다른 이유로 고용 조정이 필요하다고 생각되면 가장 낮은 조건에 있는 노동자들이 우선적으로 구조 조정의 대상이 된다. 한시 하청이나 단기 계약직이 먼저 해고되고, 점차 오래 일한 비정규직까지 해고당하는 것이다.

기업들은 세계적인 경쟁 시대에 걸맞은 상시적인 구조 조정 시스템을 갖추겠다고 한다. 언제든 필요하면 해고하겠다는 뜻이다. 공공 부문도 부채를 줄이고 허리띠를 졸라매자면서 인원 조정을 하겠다고 한다. 이렇게 구조 조정이 시작되면 가장 먼저 피해를 입는 것은 비정규직이다. 정규직 정리 해고는 사회적으로 큰 문제가 되고 있지만, 비정규직은 정규직이 정리 해고를 당하기 전에 소리 소문 없이 쫓겨났다. 한국지엠 군산 공장에서는 생산량이 감소했다는 이유로 협력 업체 수를 10개에서 두 개로 줄였고, 하청 업체들은 경영 악화를 이유로 2015년 198명의 노동자를 해고했다. 2015년 경영 위기를 맞은 한국델파이는 노사 간 합의를 통해 "향후 10년간 정리 해고를 하지 않겠다."고 했으나 이미 비정규직 노동자들은 해고된 뒤였다. 구조 조정을 하면서 고통 분담을 하자고 말하지만 가장 큰 희생을 감수하는 이들은 언제나 비정규직이다.

일자리가 불안정한 것이 해고 때문만은 아니다. 애초에 1년 미만 계약을 하는 노동자도 많다. 공공 부문에서 비정규직을 사용하는 기업 중에는 퇴직금을 주지 않으려고 11개월 계약을 하는 곳도 많다. 학교급식을 담당하는 노동자들, 대학에서 학생들을 가르치는 비정규 교수들은 방학 동안 다른 일자리를 찾기 어렵다. 그럼에도 그 기간에 임금을 받지는 못하니 영락없이 보릿고개인 셈이다. 외주 출판 노동자나 영화 산업 노동자처럼 일감이 필요한 노동자들은 불러 주는 사람이 없을까 봐 노심초사하기도 한다.

파주에 있는 액정디스플레이LCD 공단에서는 노동자들을 시급제로 고용한다. 일이 없으면 한두 시간 일하고 돌려보낸다. 일하지 못한 시간은 임금으로 계산되지 않는다. 그래서 50만 원도 안 되는 임금을 받을 때도 있다. 이 돈으로 생활하기란 거의 불가능하다. 건설 노동자들의 처지도 비슷하다. 건설 노동자들은 한 해 평균 180일 정도를 일했다고 한다. 그런데 건설 경기가 나빠지면서 노동 일수는 120일 가까이로 줄었다. 경기 침체의 영향을 가장 많이 받는 것은 비정규직이었다.

비정규직 노동자들의 평균 근속년수는 1.2년에 불과하다. 그나마 점차 짧아지고 있다. 5인 미만 사업장에서 일하는 노동자들의 평균 근속년수는 6개월이 채 안 된다. 자영업자들이 자주 폐업하니 그곳에서 일하는 노동자들도 쉽게 해고된다. 일하다가 그만두면 다른 일자리를 찾을 때까지 쉴 수밖에 없다. 단박에 일자리를 옮길 수 있는 게 아니기 때문이다. 거듭 말하지만 비정규직 노동자들이 일을 못 하게 되는 것, 고용 불안에 떨게 되는 것은 그들의 책임이 아니라 사회구조의 문제이다.

고용 불안정을 부추기는 정부의 법과 제도

오히려 〈기간제법〉과 〈파견법〉이 고용 불안을 부추긴다. 노동자

그림 10_ 〈기간제법〉 적용자의 이동 경로

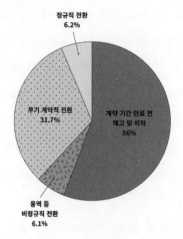

주 : 2010년 4월부터 2012년 10월까지 아홉 차례 조사가 진행되었고, 2만 명을 패널로 구축함.
자료 : 고용노동부, "고용형태별 근로자패널조사 주요 결과"(2013/12)를 참조해 새로 작성.

들을 2년 이상 비정규직으로 사용하면 정규직으로 전환하도록 규정
하고 있기에 기업들은 정규직 전환을 회피하려고 이들을 해고한다.
2013년 12월 고용노동부가 내놓은 "고용형태별 근로자패널조사 주
요 결과"에 따르면, 비정규직 노동자 가운데 해고되지 않고 2년 이
상 일하는 노동자는 44퍼센트였다. 나머지는 2년이 되기 전에 해고
되거나 그만두었다. 그렇게 살아남은 44퍼센트 중에서도 14퍼센트
만이 정규직으로 전환되었다. 나머지는 무기 계약이나 용역으로 전
환했다. 결국 전체 기간제 노동자 가운데 6.2퍼센트만이 한 직장에
서 정규직으로 전환된 셈이다. 56퍼센트에 이르는 해고 노동자는

새로 일자리를 구하더라도 또다시 기간제나 용역직을 전전할 수밖에 없다(〈그림 10〉 참조).

2014년 12월 29일 정부는 '비정규직 종합대책'을 발표하면서 기간 제한이 2년이기에 기간제 노동자의 고용이 불안정하다면서 4년으로 늘리자고 주장했다. 하지만 그렇게 바뀌더라도 4년간 고용이 안정되는 것은 아니다. 기간 제한이란 그 기간 안에 자유롭게 노동자들을 해고할 수 있고, 그 기간이 지나면 정규직으로 전환해야 한다는 뜻이다. 따라서 기간 제한이 4년으로 늘어나더라도 여전히 기업들은 자유롭게 노동자들을 해고할 수 있다.

〈파견법〉에도 "2년 이상 파견으로 일한 경우 정규직으로 전환해야 한다."라는 조항이 있다. 그런데 이 조항은 합법 파견뿐만 아니라 불법 파견에도 적용되었다. 2012년 대법원은 현대자동차 사내 하도급은 사실상 불법 파견이므로 2년 이상 일한 노동자는 정규직으로 전환해야 한다고 판결했다. 그 뒤 현대자동차는 '한시 하청'이라는 이름으로 단기간 일하는 노동자를 채용하고 있다. 이처럼 〈기간제법〉과 〈파견법〉은 노동자들의 고용을 안정시키기는커녕 오히려 고용 불안을 확대하고 있다. 비정규직법은 비정규직을 '보호'하는 법이 아니었다. 비정규직법 자체가 비정규직을 자유롭게 사용할 수 있도록 만들었을뿐더러 정규직 전환 의무를 회피할 방법은 너무 많다. 해고는 그중에서 가장 손쉬운 방법이다.

물론 기업들도 2년에 한 번씩 해고하고 신규 채용을 하는 데 부담을 느낀다. 그래서 아예 사용 기간을 제한하지 말고 평생 비정규직으로 사용하게 하자고 한다. 비정규직을 사용하는 데 제한이 없으면 노동자의 일상은 더 불안해질 것이다. 기업이 원할 때 해고할 수 있으니 해고에 대한 두려움은 상시적이 된다. 어떤 경우든 비정규직으로 일하는 이상 고용 불안에서 자유로울 수 없기 때문이다.

2014년 12월 정부가 발표한 '비정규직 종합대책'은 '비정규직은 대세'라는 전제를 깔고 있다. 비정규직은 바꿔야 할 고용 형태가 아니라 시대의 흐름에 걸맞은 다변화된 고용 형태라는 것이다. 따라서 비정규직을 수용하되, 차별과 같은 심각한 문제를 해결하자고 한다. 비정규직을 확대하기 위해 정규직 해고도 자유롭게 하고, 비정규직 사용 후 2년이 지나면 정규직으로 전환하는 등의 제한도 없애서 비정규직을 보편적인 고용 형태로 만들자는 것이다.

비정규직이 늘어나면 기업들은 쉽게 노동자들을 해고하거나 채용할 수 있는 대신, 노동력 채용과 교육 훈련 등 인력 관리는 매우 번거로워진다. 이를 해소하기 위해 정부는 '고용지원서비스 촉진법'을 만들겠다고 했다. 기업이 유연화된 노동력을 쉽게 활용할 수 있도록 기업의 인사·노무 관리 전체를 아웃소싱 받아서 채용과 교육 훈련, 노동자 이동까지 담당하는 복합 인력 서비스 업체의 설립을 허용한 것이다. 고용 서비스 기업은 '사람 장사'로 이득을 얻고 노동자들은 이런 인력 관리 업체에 등록해야만 일자리를 얻을 수 있게 함으로써 기업은 노동자들을 이중·삼중으로 통제할 수 있게 된다.

이렇게 인력 파견 업체가 활성화되면 사용주와 고용주가 분리된다. 우리나라 법에는 고용한 사람만이 사용자 책임을 지는데, 이처럼 사용주와 고용주가 분리될 경우, 임금과 노동조건에 영향을 미치는 실질 사용자의 법적 책임이 면제된다. 그리고 파견 회사를 통해 고용된 노동자들은 파견 회사가 소개하는 대로 여러 회사를 전전하거나, 때로는 한 회사에서 계속 일하지만, 여러 파견 회사로 적을 옮기기도 한다. 그럴 경우 만약 유해 화학 물질에 장시간 노출되거나 과도한 노동으로 직업병이 발생하면 어떤 회사가 책임질지가 불분명해진다. 노동자들은 이중으로 착취되고 권리는 박탈된다. 사회 서비스 산업 노동자들이나 신규 일자리를 구하려는 청년들, 여성들과 노인들의 일자리에 안정성이라고는 없게 된다. 이제 노동자들은 더 가난해지고 노동조건은 하향 평준화된다. 고용구조가 복잡해져 노동자들은 자신의 권리를 사업장에서 찾기 어려워진다.

여기에 더해 박근혜 정부는 '고용률 70퍼센트'를 과제로 삼았다. 한 사람의 소득만으로는 먹고살 수 없으니 집안의 모든 사람이 나와 일하게 하자는 발상이다. 그렇게 일자리를 늘리려고 하니 비정규직을 더 늘리는 것 외에 달리 방법이 없다. 고용률 70퍼센트 정책에서는 일자리를 반으로 갈라 노동자들끼리 그 일자리를 나누라고 한다. 바로 시간 선택제 일자리이다. 그리고 앞서 살펴봤듯이, 공공 부문에서 활용한 시간 선택제 일자리의 절대 다수는 비정규직으로 밝혀졌다. 시간제 노동자들의 고용 또한 불안한 것이다.

고용이 불안한 시대에는 가족 구성원 중 하나만 벌어서는 생계유지가 안 되므로 더 많은 사람들이 일자리를 찾게 된다. 정부는 여성과 노인, 청년을 대상으로 한 나쁜 일자리를 만들어 낸다. 그 일자리가 보육과 교육, 간병 등을 중심으로 하는 사회 서비스 일자리이고, 청년 창업과 청년 인턴제 등의 청년 일자리이며, 단시간 일자리이다. 일자리가 불안정해져서 노동자들은 계속 이동한다. 어떤 일자리든 쉽게 얻을 수 있고 쉽게 쫓겨난다. 정부는 복지 수요를 줄이고 복지를 개인 책임으로 돌리며 정부의 비용을 줄여 나간다. 결국 실업률은 떨어지지만 빈곤은 확대되고, 정부는 불만을 관리하는 역할만 한다. 불만과 분노가 비정규직 노동자들의 마음에 잠재해 있지만 그것이 밖으로 드러나지 않는 한, 기업과 정부는 노동자들의 고통을 고려하지 않는다.

안정적으로 일할 권리는 모두에게 있다

안정적으로 일할 권리는 모든 사람들의 권리이다. 세계인권선언 제23조는 "모든 사람은 근로의 권리, 자유로운 직업 선택권, 공정하고 유리한 근로조건에 관한 권리 및 실업으로부터 보호받을 권리를 가진다."라고 말하고 있다. 현재 이 권리는 기업이 이윤을 확대할 권리보다 못하게 인식되고 하찮게 취급된다. 경제가 발전하고 GDP가 높아지더라도 노동자들이 그 열매를 누리지 못하고 삶이 불안정하다면 노동자들이 경제 발전을 위해 노력할 이유는 없다.

우리에게는 안정적인 고용이 필요하다. 그러려면 부당하게 해고되어서는 안 된다. 이때의 '부당 해고'는 법적으로 부당한 해고를 말하는 것은 아니다. 합법적이라고 해서 합리적인 것은 아니기 때문이다. 계약 기간이 끝났다고 노동자들을 해고하면 이는 '합법'이지만 '불합리한 해고'이다. 그 일자리가 계속 남아 있고 어차피 새로운 사람을 뽑아야 한다면 기존에 일하던 사람이 계속하는 것이 당연하다. 물론 법원은 계약 해지가 정당하다고 판단하는 경우가 많았다. 기간을 정해 놓고 계약을 연장할지 말지를 결정하는 것은 노동자의 권한이 아니라 기업의 권한이라고 보기 때문이다. 하지만 비정규직을 정규직으로 전환하지 않거나, 더 낮은 임금을 주거나, 노동조합을 인정하지 않기 위한 계약 해지는 모두 부당한 해고이다.

노동자들이 일을 그만두어야 할 합당한 이유가 있을 수는 있다. 회사가 망해서 문을 닫게 되었다거나 큰 병에 걸려 도저히 일할 수 없는 상황에 처하기도 한다. 하지만 이런 경우를 제외하고는 계약 해지라는 명목 아래 임의로 해고되어서는 안 된다. 내가 비록 1년 단위의 계약에 동의했다 하더라도 그것은 내가 선택한 것이 아니다. 그렇게 하지 않으면 일자리를 구할 수 없는 상황에서 선택을 강요당한 것이다. 특히 정규직 취업 관문이 막힌 청년 노동자들은 불안정한 일자리를 감수할 수밖에 없다. 선택했으니 책임지라고 말해서는 안 된다. 불안정한 일자리를 만든 것은 노동자가 아니라 기업과 정부이기 때문이다.

상시적인 일자리에서 일하는 노동자는 정규직이어야 한다. 〈기간제법〉과 〈파견법〉에서 "2년 이상 일한 노동자를 정규직으로 전환하라."고 한 것은, 그 일자리가 상시적인 일자리라면 정규직을 채용해야 한다는 의미였다. 그런데 기업들은 이를 편법적으로 활용해, 자유롭게 기간제나 파견직 노동자를 고용하다가 2년이 지나기 전에 그를 해고한 뒤 새로운 노동자를 들이는 방식으로 사람을 교체해 사용한다. 회사에 필요한 업무이고 임시 업무가 아니라면, 노동자를 교체 사용하지 못하게 해야 한다.

누구나 안정적으로 일할 권리가 있다. 노동자를 마음대로 사용하고 필요 없으면 버릴 수 있도록 허용한 정리 해고 제도나 〈기간제법〉, 〈파견법〉 등을 없애고 고용의 권리를 지켜야 한다. 노동자들이 해고나 계약 해지에 순응하지 않고, 부당 해고라고 외쳐야 변화도 생긴다. 상시 업무는 반드시 정규직으로 고용하라고 요구해야 한다. 그래야 이 불안정 노동의 악순환과 확대를 막을 수 있다.

일하지 못할 때 생존할 수 있을까?

복지가 전 국민의 화두이다. 사는 것이 팍팍해지고 열심히 일하는 것만으로는 충분하지 않으니 복지에 대한 이야기가 등장한다. 개중에는 복지를 권리가 아니라 시혜인 것처럼 말하는 이들도 있다. 혹시라도 부당하게 복지 혜택을 받는 이들이 있을까 감시하고, 복지 수혜자에게는 감사히 여길 것을 요구한다. 하지만 복지는 권리이다. 이 나라에 태어난 내가 열심히 살아가려고 하는 한 생존을 보장받는 것은 당연한 권리이다.

한국 사회에 복지가 아예 없지는 않지만, 주거·교육·결혼·육아·노후 등을 대부분 임금으로 해결해야 한다. 대기업의 정규직은 학자금을 지원받거나 낮은 이자로 전세 자금을 대출받을 수 있다. 하지만 비정규직들은 이를 누리지 못한다. 공공 기관이 지방으로 이전할 때 정규직에게는 이전 비용을 보전했으나 비정규직들에게는 주지 않아 문제가 되기도 했다. 비정규직들은 임금이 적은 데다가 기업이 제공하는 복지 혜택에서도 소외되고 있다.

비정규직 노동자들은 쉽게 해고된다. 일자리를 잃는 순간 생존 자체가 힘들어진다. 고용보험 가입률도 낮기 때문에 실업 급여를 받지 못하는 사람이 많고, 몸이라도 아프면 대책이 없다. 2013년 송파에서 세 모녀가 마지막 월세를 남겨 두고 목숨을 끊은 일이 있었다. 한 딸은 아프고 또 다른 딸은 금융 파산자여서 일자리를 구하기 어려웠다. 어머니만이 유일하게 일할 수 있었지만, 팔을 다친 뒤 그마저도 어려워지자 그들은 죽음을 선택했다. 많은 비정규직 노동자들이 '살기 위해' 불안정하고 나쁜 일자리인 것을 알면서도 다시 선택하게 된다. 이런 악순환이 계속되지 않도록 국가가 기본 생활을 보장해야 한다.

인간답게 생활할 수 있는 권리

정부는 '일자리가 최고의 복지'라고 주장한다. 온 국민의 기초 생활을 보장한다는 취지로 만들어진 〈국민기초생활보장법〉에도 단서 조항을 달아 일할 능력이 있으면 수급권자 자격을 주지 않는다. 근로 능력이 없는 수급권자로 인정받으려면 의사의 증명서 외에 근로능력평가제도에 의한 평가를 받아야 한다. 자신의 무능력을 증명해야 수급권자가 될 수 있으니, 정부는 도저히 일할 수 없는 사람에게만 복지 혜택을 주겠다고 선언하고 있는 셈이다.

그래서 인간답게 살려면 일을 해야 한다. 하지만 비정규직들이 받는 임금은 '인간답게' 살 만한 수준이 아니다. 최저임금 월 126만 원(2016년 기준)으로는 간신히 생존할 수 있을 뿐이다. 임금은 더 올라야 하고, 최저임금 또한 안정적인 생활을 누릴 정도로 현실화되어야 한다.

그런데 '인간답게 살 권리'를 임금으로만 해결해야 할까? 노동자들이 지불해야 하는 비용이 커질수록 가난해지게 마련이다. 건강보험이 있더라도 몸져눕는 순간 가난해진다. 우리나라에서 자신의 몸을 누일 6천만 원짜리 전세 한 칸을 얻으려면 한 달에 50만 원씩 10년간 저축해야 한다. 대출받은 등록금은 사회생활을 시작한 젊은이들에게 큰 부담을 안긴다. 불안한 사회에서 정작 그 위험을 개인들이 저축이나 빚으로 감당해야 하므로 편안한 삶을 누리기가 쉽지 않다. 어느 정도 돈을 벌어도 더 많이 저축하기 위해 안간힘을 쓰느라 정작 자기 자신을 위한 시간을 내지 못한다. 불안한 시대에는 모두 가난하다. 그러므로 임금으로만 생활을 보장받아야 하는 것이 아니라, 우리가 누려야 할 사회적인 권리를 기업과 정부가 보장하게 함으로써 인간다운 삶을 누려야 한다.

'인간다운 삶의 권리'는 조건 없이 부여되어야 한다. 공공재의 일종인 교육·의료·주거·물·가스·전기 등은 시장에서 사고파는 대신, 사회가 모든 이에게 보장해야 한다. 그런데 정부는 이를 기업에 넘기려 한다. 돈으로 이런 권리를 사라고 한다. 그 결과 최소한의 권리도 누리지 못하는 사람이 생겨난다.

물론 개별 기업들에 교육비나 주거비를 요구하고, 사내 복지를 확대하라고 요구할 수도 있다. 그리고 이런 혜택을 정규직뿐만 아니라 비정규직에게도 부여하라고 주장할 수 있다. 하지만 여전히 문제는 남는다. 사내 복지를 확대할 여력을 지닌 기업은 대기업이나 공기업뿐이다. 하청 업체들은 꿈도 꾸지 못한다. 기업 규모에 따라 차별이 생기는 것이다. 따라서 이런 혜택은 기업을 통해서가 아니라 사회적으로 부여되어야 한다.

일하지 못할 때의 삶은 정부와 기업이 책임져야 한다

일자리를 잃은 비정규직들은 심각한 상황에 처한다. 워낙 임금이 적어서 실업 이후를 대비하지 못하기 때문이다. 일자리를 잃었을 때를 대비한 유일한 보호 장치로 고용보험 제도가 있지만, 실업 급여를 받을 수 있는 기간은 최장 8개월이다. 평균적인 근속년수로는 수급 기간이 4개월에 불과하고, 일한 기간이 2년 미만인 비정규직은 이보다 짧다. 박근혜 정부에서 비정규직 종합대책의 하나로 실업 급여를 실직 전 임금의 60퍼센트(2015년 현재 50퍼센트)까지 올리겠다고는 하나 여전히 생계를 꾸리기에는 부족한 금액이다. 게다가 비정규직 노동자들은 고용보험 가입률이 60퍼센트대에 머문다. 사업주는 돈을 내지 않으려 하고 노동자들 또한 임금이 너무 낮아 고용보험료를 내기가 부담이 된다. 결국 일하지 못하면 살아가기 어려운 사회에서, 사람들은 나쁜 일자리라도 취직하고, 지금의 일자리가 불만스러워도 계속 일하게 된다.

현재 우리가 겪고 있는 고용 불안정은 일시적인 현상이 아니다. 이윤을 중심에 둔 '노동 유연화 정책'이 지속되는 한 실업과 고용 불안정은 필연이다. 그래서 실업 상태에 있는 사람들이 생존할 권리를 이야기하는 것은 당연하다. 그럼에도 기업과 정부는 먹고살려면 일하라고 명령한다. 능력이 부족하거나 게을러서 일자리를 구하지 못한다는 듯이 말하며, 임금이 적고 힘든 노동이라도 하라고 압박한다. 그러나 노동이 불안정하고 실업이 만연한 시대일수록 '일자리가 있어야만 생존할 수 있다는 생각'에서 벗어나야 한다. 생존은 고용과 임금을 통해서만 보장받을 수 있는 게 아니다. 생존권은 고용되어 있지 않은 사람도 보장받아야 할 독립적인 권리이다.

노동의 불안정화 시대, 좋은 일자리에 가고 싶어도 당장 일을 해야 하므로 청년 인턴도 하고 10개월짜리 최저임금 일자리도 받아들인다. 모든 사람들이 이런 일자리를 거부하지 않는 한 누군가는 일할 것이므로 기업들은 나쁜 일자리를 계속 유지한다. 일하지 못하게 되었을 때에도 생계가 보장되어야 불안정한 노동에 저항할 힘도 생긴다.

고용을 통해 생존을 유지할 수 없다면, 정부와 기업이 책임져야 한다. 실업은, 해고를 자유롭게 하고, 일자리를 줄이고, 남아 있는 일자리마저 불안정하게 만든 정부와 기업의 책임이다. 기업은 노동자들을 해고하고 비정규직을 만들어 냄으로써 과도한 이윤을 가져가고 있다. 2015년 현재 30대 기업이 투자 및 배당을 하지 않고 쌓아 둔 사내 유보금이 710조 원에 이른다. 그러면서도 전경련(전국경제인연합회)이나 경총(한국경영자총협회)은 기업이 어렵다며 불안정한 노동을 계속 만들어 낸다.

수많은 불안정 노동자를 양산하고도 노동자들에게 알아서 살아남으라는 것은 무책임한 일이다. 우리가 가난하고 미래에 대비할 수 없게 된 것은 기업과 정부가 비정규직을 늘리고 노동자들의 권리를 박탈해 왔기 때문이다. 기업과 정부가 재원을 마련해, 일하지 못하게 될 때도 생존할 수 있도록 책임지라고 요구해야 한다.

공적인 고용 서비스를 받을 권리

노동자들은 일을 통해 사회와 관계를 맺는다. 사회에 쓸모 있는 사람이라는 것을 확인하고 보람을 느낀다. 꼭 '임금'을 받고 하는 일만을 의미하지는 않을 것이다. 지금 당장 임금을 받지 못하더라도 예술을 하거나 봉사 활동을 하거나 시민사회 단체에서 활동할 수도 있다. 이 모든 것이 다 임금과 연관되어야 하는 것은 아니다. 하지만 적어도 사회에서 필요한 일을 하는 사람이라면 보람을 느낄 수 있어야 한다.

그래서 일하지 못하는 사람들은 일하기를 원한다. 그런데 그 일을 어떻게 구할지가 문제이다. 어느새 일을 구하는 것이 모두 개인의 책임이 되었다. 수십 장씩 자기소개서와 입사 원서를 쓰는 취업 준비생들의 절망을 들여다보자. 취업하기 위해서는 여러 회사의 채용 정보를 알아보고, 나중에 일할 때 사용될지 아닐지도 모르는 스펙을 쌓고, 자격증을 따기 위해 동분서주하면서 많은 돈을 들여야한다. 이렇게 노력해도 정작 내가 원하지 않는 작은 사업장의 비정규직으로 들어가는 경우도 많다. 일자리를 구하기가 이토록 힘드니일을 시작하기 전부터 진이 빠진다. 중간에 일을 그만둔 사람들도새로운 일자리를 찾기란 언제나 막막하다.

고용노동부는 취업알선센터를 운영하고 실업 급여 수급자들에게 일자리를 알선한다. 노동자들이 고용보험료를 내는 것은 일자리를 잃었을 때 실업 급여를 타려는 목적도 있지만, 정부가 공적 고용서비스를 제공해 적절한 일자리를 제공받을 수 있게 조치하겠다는말을 믿어서이기도 하다. 그런데 정부의 '공공고용 서비스' 지출 비용은 OECD 회원국 중 한국이 최하위이다. 한국고용정보원이 발간하는 『계간 고용이슈』(2008년 가을호)에 따르면, 2005년 GDP 대비공공고용 서비스 지출 비용은 OECD 평균의 7분의 1에 불과했다.그만큼 공공고용 서비스가 제대로 이루어지지 않고 있다.

고용이 불안정하고 일자리를 찾는 사람이 늘어나면서 고용 서비스, 즉 취업을 알선하고 일자리를 찾을 수 있도록 교육 훈련을 하는업무가 중요해지고 있다. 하지만 아직도 많은 이들이 정보지를 뒤지거나 인터넷 구인·구직 사이트를 확인하며 일자리를 찾는다. 그

사이트에 소개되는 것은 대부분 직업 소개 업체나 파견 업체이다. 민간 직업 소개 업체를 통하지 않고는 일자리를 구하기 어려운 것이 현실이다. 그런데 정부는 공공 고용센터를 확대하는 대신에 이런 민간 업체들을 대형화해 종합 고용 서비스 업체로 키우겠다고 한다.

공공 부문과 민간 부문의 고용 서비스 업체가 동반 성장해야 한다고 말하지만 공공고용 서비스는 축소하고 민간 업체를 키워 민간에 고용 서비스 기능을 이양하겠다는 뜻이다. 지금도 민간 업체들은 과도한 수수료를 요구하고, 지속적인 파견을 통해 중간착취를 저지르며, 법에 규정되지 않은 업종에 노동자를 불법 파견해 사용자 책임을 혼동하게 하는 등 고용구조를 왜곡해 왔다. 이런 민간 업체들을 대형화하면 문제는 더 커질 것이다. 결국 노동자들은 일을 구하는 데 더 많은 비용을 지불하게 될 것이다.

누구나 일자리를 구할 때 공적인 고용 서비스를 받을 권리가 있다. 민간 직업 소개소를 활성화하거나 지자체가 일방적으로 고용 서비스 업무를 민간 업체에 위탁해서는 안 된다. 고용노동부를 통해 무료로 신속하게 자신에게 맞는 일자리를 찾을 수 있어야 하며, 필요하다면 무료로 직업훈련을 받을 수 있어야 한다. 고용보험 가입 여부와 무관하게 모든 노동자가 누려야 할 권리이다.

실업 부조 제도를 도입하자

일하지 못할 때 실업 급여를 받는 것은 당연한 권리이다. 고용보험은 노동자와 사업주가 공동 부담하는 기금으로 실업 예방과 고용촉진, 노동자 직업 능력 개발 및 향상, 실직 노동자의 생활 안정과 재취업을 지원하는 사회보험 제도이다. 노동자와 사업주가 낸 돈으로 고용보험이 운영되지만, 실업 급여를 탈 때면 노동자는 주눅이 들고 오히려 정부가 생색을 낸다. 게다가 고용보험은 노동자들이 내는 보험료에 따라 보장되는 형식이므로, 그런 기여를 할 기회조차 없는 청년 실업자, 적은 보험료를 내거나 그마저도 내지 못하는 불안정한 노동자들은 제대로 보장받지 못한다. 고용보험을 확대해 더 많은 사람들이 고용보험의 혜택을 받더라도 기여가 적은 비정규직 노동자들은 고용보험의 사각지대가 될 가능성이 높다.

그러므로 일하지 못하게 되었을 때를 대비해 '실업 부조 제도'가 도입되어야 한다. 일하지 못하는 모든 노동자에게 조건과 자격을 제한하지 않고 일정한 생계비를 보전하는 것이다. 일반적으로 실업 부조 제도는 고용보험의 사각지대에 있는 노동자들을 보호하기 위해 도입된다. 그런데 우리나라는 대다수 노동자들의 고용이 불안정하므로 고용보험 제도의 보완책으로서 실업 부조 제도를 만들면 여전히 모든 노동자가 포괄되기 어렵다. 따라서 모든 노동자가 생계를 보장받을 수 있는 실업 부조 제도를 기본으로 하고, 어느 정도 안정적인 노동자들에게는 고용보험 제도로 보완하는 방식으로 제도를 설계할 필요가 있다.

실업 부조의 재원은 세금으로 이루어져야 한다. 실직 상황은 개인의 책임이 아닐뿐더러 생존권을 국가가 책임져야 한다는 의미이다. 하지만 동시에 재원의 일부는 반드시 기업이 부담하게 해야 한다. 특히 경제 위기를 빌미로 노동자들을 해고하거나 비정규직을 채용해 큰 이윤을 남긴 기업들은 더 많은 세금을 실업 부조의 재원으로 내게 해야 한다. 이들에게 실업의 책임을 강하게 물어야 한다.

일하지 못하는 상황일지라도 불안정한 노동을 하게 해서는 안 된다. 그러려면 실업 부조 제도의 실업 급여 수준이 높아야 한다. 실업 부조 제도 도입에 찬성하는 측에서는 일반적으로 최저임금의 90퍼센트 정도를 실업 급여액으로 제안하는데, 이 정도의 소득 보전으로는 살아갈 수 없다. 최저임금이 워낙 낮기 때문이다. 따라서 최저임금을 획기적으로 높여야 한다. 또한 '취업할 때까지' 실업 부조가 지급되어야 하며, 이때 급여 자격을 제한하지 않아야 한다. 일하고 싶으나 일자리를 구하지 못한 모든 노동자가 대상이 되어야 한다.

경제 위기에 따른 고통은 불안정한 노동자, 취업 준비생, 실업자 등에게 집중되지만, 정작 이들은 자기 목소리를 내지 못하고 있다. 기업과 정부는 이들의 불만이 터져 나오는 것을 억누르고자 각종 대책들을 쏟아 내지만 대개 임시방편이거나 기만책이다. 취업을 위해 고군분투하지만 청년 실업자들은 미래와 현재 모두가 불안하다. 청년들은 열심히 스펙을 쌓아도 당장의 생존을 위해 비정규직 일자리에 취업할 상황에 내몰리고 있다. 그러니 이제 자신들의 요구를 이야기해야 한다. 내가 지금 제대로 된 일자리를 찾지 못하는 것은 기업과 정부의 책임이므로 내 생존을 책임지라고 요구해야 한다. 그런 목소리들이 모일 때 변화가 시작된다.

인권, 시간과 공간의 권리를 누가 빼앗았는가?

　노동자는 일하는 기계가 아니다. 인권이 보장되어야 하고, 적정한 휴게 시간과 회사 안에서 머물 공간이 보장되어야 한다. 그런데 비정규직 노동자들은 시간에 대한 권리를 누리지 못한다. 잔업과 특근을 마음대로 빼지 못한다. 화장실도 편하게 가지 못할 때가 많다. 휴일에 쉬다가도 회사에서 호출하면 일하러 가기도 한다. 공간의 권리도 보장되지 않는다. 밥 먹고, 쉬고, 옷 갈아입을 공간조차 없는 경우가 많다. 시간과 공간의 권리가 없다는 것은 이들의 존재가 온전히 인정되지 않는 현실을 드러낸다. 고객과의 관계에서도 동등해야 하는데, 상당수의 비정규 서비스 노동자들은 인격적인 대우를 받지 못한다. 회사에서 비정규직을 대상으로 하는 성희롱 등의 인권침해도 빈번하다. 이런 불합리한 현실을 극복하고 공간의 권리, 시간의 권리를 찾아야 한다. 그리고 존엄성을 지켜야 한다.

시간의 권리가 있어야 한다

2003년 현대자동차 아산 공장의 하청 업체에서 발생한 일이다. 관리자가 당시 월차(주 40시간 시행 전이라 월차가 있었다)를 쓰기 위해 사무실에 온 노동자의 신청을 거부하다가 그를 밀쳤고, 뒤로 넘어진 노동자는 뇌진탕 증세로 입원했다. 하청 업체 관리자는 병원에 찾아가 입원한 노동자의 발꿈치힘줄을 식칼로 그었다. 끔찍한 사건이 벌어진 뒤 노동자들은 이틀간 라인을 멈추며 항의했고, 이 일을 계기로 현대자동차 사내 하청 노동조합이 만들어졌다. 대개 '그 관리자가 정신이 이상했거나 폭력적인 사람이 아닐까?' 하고 생각한다. 법에 보장된 월차를 쓰겠다는 사람에게 식칼을 휘두를 이유가 없기 때문이다. 그런데 그 관리자는 노동자들의 월차를 통제하려면 본때를 보여야 한다고 판단해 의도적으로 그런 폭력을 저지른 것이다. 비정규직이 일하는 현장에는 상식을 뛰어넘는 행위가 비일비재하다.

그로부터 10여 년이 지난 2012년 STX조선 사내 하청 노동자가 과로로 사망했다. 입사 후 열흘 동안 9일을 근무했고, 소정 근로시간 외의 연장근무 시간만 56시간이었다. 2014년 "금속노조 실태조사"에 따르면, 현대제철 사내 하청 노동자 가운데는 일주일간 최장 92시간 일한 노동자도 있었다. 사내 하청 업체들은 정규직과는 달리 여유 인원을 두지 않는다. 물량을 맞추기 위해 노동자들이 월차를 쓰지 못하게 하거나 잔업·특근을 강제한다. 현대자동차에서는 사내 하청 노조가 만들어진 뒤 이런 관행이 사라졌지만 여전히 많은 기업의 비정규직들은 자유로운 휴가를 꿈꿀 수 없다. 특히 비정규직은 대개 업무 평가에 따라 재계약이 결정되므로 회사의 지시를 어기지 못한다. 법에 보장된 휴가조차 그림의 떡인 셈이다.

심지어 보건 휴가(생리휴가)도 자유롭게 쓰지 못한다. 보건 휴가는 본인이 원하면 자유롭게 사용할 수 있어야 한다. 하지만 한국교직원공제회의 위탁을 받은 광주 제2도로 관리 업체는 노동자들이 생리휴가를 신청할 경우 진단서를 요구했다. 철도공사의 자회사에서 일하는 KTX 승무원들은 회사에서 연차를 써도 되는 날을 지정하면 선착순으로 신청해 휴가를 보내기도 했다. 보건 휴가조차 필요한 날에 사용할 수 없었다. 여유 인력을 두지 않는 하청 업체에서 한 명이 빠지면 나머지 사람들이 그 일을 나눠 해야 하니 동료의 눈치가 보여 제대로 휴가를 쓰지도 못한다.

편의점에서 일하는 아르바이트 노동자들은 혼자 일할 때가 많아서 화장실에 가기 어렵다. 잠깐 다녀온 사이에 물건이 없어지면 물어내야 한다. 편의점에서 일할 때 필요한 최대 스펙이 '용변 오래 참기'라는 우스갯소리가 있을 정도이다. 서울의 한 대학병원 수술실에서는 간호사들이 밥 먹을 시간이 되면 컴퓨터에 '대기'를 눌러놓는다. 그러면 응급 환자가 오더라도 다른 간호사가 처치하게 된다. 그런데 비정규직들은 '대기'를 누를 권한이 없다. 저녁밥을 먹다가도 응급 환자가 오면 비정규직 노동자들은 되돌아가야 한다. 누구에게나 보장되어야 할 식사 시간이 이들에게는 없다.

연차는 자유롭게 자신이 원하는 때에 사용할 수 있어야 하고, 이는 법으로도 보장된다. 그러나 요즘 많은 직장인들이 연차휴가를 쓰면서 눈치를 본다. 2015년 민주노총에서 여덟 개 공단 노동자들의 실태를 조사해 발표한 "산업단지 노동실태와 개선방안"에 따르면, 노동자의 61.7퍼센트가 연차휴가를 사용할 때 제약을 받는다고 한다. 하루에 여덟 시간만 일하도록 정한 것은 노동자의 건강을 지키기 위해서다. 무리하게 잔업과 특근을 하면 돈은 더 벌지 몰라도 건강을 상하기 쉽다. 관련 법에 휴게 시간을 명시한 이유도 마찬가지이다. 법에 정해 놓은 '시간의 권리'는 반드시 지켜져야 한다.

그런데 비정규직 노동자들에게는 시간의 권리가 없다. 중요하고 급한 일이 있어도 연차를 자유롭게 쓰기 어렵다. 관리자와 동료들의 눈치를 봐야 한다. 잔업과 특근도 마음대로 빠질 수 없다. 회사가 물량을 맞춰야 한다고 닦달하기 때문이다. KTX 승무원들은 휴일 근무를 하지 않았다는 이유로 등급을 낮춰 임금이 큰 폭으로 깎이기도 했고, 중소·영세 사업장의 파견 노동자들은 잔업·특근을 하지 않았다는 이유로 재계약에서 탈락하기도 했다. 라인 작업을 하는 곳에서는 근무시간에 화장실에 가지 못하게 하는 경우도 많다. 콜센터 노동자들은 화장실에 가는 시간까지 체크되어 평가에 반영되기도 한다.

시간의 권리를 빼앗기면 기업이 노동시간을 마음대로 정하게 된다. 병원에서 간병인으로 일하는 노동자들은 온종일 병원에 있어야 한다. 화장실에 가고, 밥을 먹고, 쉬는 시간이 정해져 있지 않다. 대기하고 있다가 환자가 필요하면 달려가야 한다. 간병하다가 속병이 생긴다. 학교 경비 노동자도 마찬가지이다. 야간 경비를 담당하는 노동자들은 하루 여덟 시간만 근무시간으로 인정되고 나머지는 휴게 시간이라고 명시되어 있다. 그러나 설날 등 연휴가 이어질 때 이들은 쉬지도 못하고 계속 순찰하거나 교정에 쌓인 눈을 치운다. 휴게 시간이라고 해봐야 학교 밖으로 나가지 못하고 안에서 대기해야 하니 실제로는 일하는 시간과 다름없다. 하지만 이 시간은 근무시간으로 인정받지 못해 임금 산정에 고려되지 않는다.

시간의 권리를 빼앗기면 자신의 신체 리듬과 무관하게 기업의 필요에 따라 일하게 되고 대기시간도 임금으로 인정받지 못한다. 언제든 기업의 필요에 따라 대기하는 상태가 되는 것이다. 특히 휴대 정보 단말기PDA 같은 스마트 기기가 보급되면서 퇴근하고 나서도 회사의 지시에 따라 일을 처리해야 하는 경우가 늘고 있다. 대기시간도 임금에 포함되어야 하고, 쉬는 시간은 정확하게 보장되어야 한다. 잔업과 특근은 스스로 결정할 수 있어야 하며 퇴근한 뒤에는 개인 생활을 누릴 수 있어야 한다. 시간의 권리가 함부로 침해되어서는 안 된다.

박근혜 정부는 고용률 70퍼센트를 달성하겠다는 목표 아래 소정 근로시간보다 짧게 일하는 노동자들을 양산했다. 그런데 '단시간 근로' 혹은 '시간제 근로'라는 표현이 부정적이라며 이를 대신할 이름을 공모했다. 그렇게 '시간 선택제'라는 이름이 만들어졌다. 마치 노동자들이 시간을 선택할 수 있다는 인상을 주지만, 정작 시간 선택제 노동자는 전일제 일자리로 전환하기 어려울 뿐만 아니라 대개 전일제 일자리를 구할 수 없어 마지못해 이를 선택한다. 시간 선택의 권리는 기업에 있다. '시간 선택제'라는 이름에서조차 시간의 권리는 노동자에게 주어져 있지 않다.

비정규직 노동자는 유령이 아니다

반월공단에서 일하는 한 파견 노동자는, 직접 고용된 사람이 아니면 휴게실을 사용할 수 없다는 규정도 없는데, 왠지 불편해서 휴게실에 안 가게 되고, 어쩌다 들어가더라도 끄트머리에 앉아 있다 나온다고 했다. 아마도 그는 일상적으로 "너는 우리 회사 직원이 아니다."라는 말을 들어왔기에, 자신이 일하는 회사의 휴게실을 이용하면서도 눈치를 보게 되었을 것이다. 화성시청에서 위탁계약으로 일했던 방문 간호사는 시청 직원이 아니라 통근 버스를 탈 수 없었다. 휴게실과 통근 버스에 비정규직 노동자의 자리는 없다.

그래서 비정규직 노동자들은 유령이 된다. 공공 기관이나 자치단체에도 이런 노동자들이 많다. 예산을 정부에서 통제하다 보니 어떤 이들은 정원 외로 채용된다. 일이 많아 신규 채용을 해야 하는데 정원을 늘려 주지 않으니 재료비나 사업비에서 노동자들의 인건비를 충당하는 경우가 있다. 이 경우 이들은 조직표 어디에도 없다. 정부에서 지급되는 비품 가운데 이들에게 돌아갈 것은 없다. 정원 안에 포함된 노동자들에게 지급되는 비품을, 비정규직 노동자들은 자기 돈으로 사야 한다. 똑같이 일하지만 존재하지 않는 사람으로 간주되는 셈이다.

이런 노동자들이 얼마나 많은가? 초등학교 조리원으로 일하는 비정규직 노동자들은 좀 더 맛있는 밥을 하려고 구슬땀을 흘린다. 그러나 졸업 앨범에 교사와 학생의 사진은 있지만 이들과 함께한 노동자들은 없다. 병원도 마찬가지이다. 환자의 상태를 가장 잘 아는 사람은 환자 곁에서 24시간 생활하는 간병인이지만 의사들은 이들에게 환자의 상태를 묻지 않는다.

한국지엠 인천 공장에서 일하던 비정규직 노동자들은 2007년에 노조를 결성한 뒤 그 사실을 알리고자 공장 안에서 선전전을 했다. 그런데 이들을 정규직 관리자들이 폭행했고, 그 와중에 고막이 파열된 사람도 있었다. 정규직 관리자들은 법원에서 무죄 판결을 받았다. 선전전을 한 장소는 한국지엠의 관리 아래 있으니 비정규직 노동자가 그곳에서 선전전을 하면 안 된다는 이유였다. 같은 공정에서 자동차를 만들고, 일터를 향해 걷는 길도 같고, 같은 식당에서 밥을 먹지만 비정규직들에게 그 공간에 대한 권리는 없다.

청소 노동자와 간병 노동자도 공간에 대한 권리가 없기는 마찬가지이다. 적당한 장소가 없어 계단 아래에서 쉬기도 한다. 옷을 갈아 입을 곳이 없으니 화장실을 이용한다. 식당 밥이 비싸서 도시락을 싸오는데 정작 먹을 곳이 없으니 화장실에서 먹거나, 창틀에 도시락을 올려놓고 서서 먹는다. 플랜트 건설 노동자들도 처지가 다르지 않다. 그들은 먼지 날리는 바깥에서 밥을 먹고, 쉬는 시간에는 신문지 하나 깔고 잠을 청한다.

대학 교정에 새로이 들어선 건물에는 영화관이나 음식점도 입점하는데, 그 대학을 위해 일하는 노동자들에게는 작은 공간도 할당되지 않는다. 비정규 교수들도 자리가 없다. 공부를 할 장소는커녕 학생들을 상담할 곳도 없어 빈 강의실을 전전한다. 비정규 교수들을 위한 연구실이 있더라도 학생들을 가르치는 건물과는 멀리 떨어져 있거나 좁고 경쟁이 치열해서 사용하지 못하는 경우도 많다. 비정규직 교수의 비율은 이미 50퍼센트가 넘었는데 이들이 사용할 공간이 없다는 것은 대학의 직무유기이다.

자신의 자리가 있어야 안도감이 생긴다. 내가 속한 곳, 나와 함께하는 이들을 인식할 때 기쁘게 일하면서 어려움과 즐거움을 나눌 수 있다. 그렇게 서로의 존재를 인식하면서 함께하는 것이 공동체이다. 그런데 회사는 비정규직 노동자들을 존재하지 않는 사람처럼 취급하다가 불필요하면 언제든 버릴 수 있다고 여긴다. 대기 발령이 징계의 한 종류이고, 일하는 사람의 책상을 빼는 것이 가장 심한 탄압의 유형인 것처럼, 노동자들을 유령으로 만듦으로써 존재감을 잃게 하는 것은 잔인한 형벌이다. 자신의 자리가 없으면 자존감도 떨어진다. 그러다 보면 자신이 하고 있는 일까지 회의하게 된다.

비정규직 노동자의 인격을 보호할 의무

　서비스 기업들은 "고객에게 친절해야 한다."면서 노동자들에게 낮은 자세를 강요한다. 그 과정에서 서비스 노동자들의 감정은 상처를 입는다. 친절은 매우 소중한 감정이다. 그러나 서로가 인격적으로 존중할 때 비로소 친절하게 대할 수 있다. 노동자를 손님보다 못한 존재로 규정하고 무조건적인 친절을 강요하면, 그것은 친절이 아니라 '친절해 보이는 태도'일 뿐이다. 그때의 웃음은 '웃는 것처럼 보이는 입모양'에 불과하다. 더 큰 문제는 노동자들이 이런 자세와 태도를 갖게 함으로써 스스로 고객보다 낮은 존재라고 인식하게 만든다는 점이다. 그러다 보니 서비스 노동자들은 성희롱을 당하거나 문제 상황이 발생했을 때 제대로 항의하지 못한다. 이들에 대한 성희롱과 폭언 등은 '진상 고객' 때문이 아니라, 노동자들을 마음대로 해도 되는 존재로 치부하는 회사의 정책 탓에 발생하는 것이다.

　백화점이나 대형 유통 할인 매장에서 판매 업무를 하는 노동자들도 마찬가지이다. 노동자들이 서서 계산할 이유는 없다. 높은 의자에 앉아 계산하거나 판매해도 아무 문제가 없다. 하지만 기업들은 고객들에게 불친절해 보인다는 이유로 의자를 놓지 않는다. 정확하게 계산하고 적절하게 안내하면 그뿐인데, 여기에 더해 '친절'이라는 상품까지 판매하도록 강요한다. '친절'은 노동자의 몸 전체로부터 만들어지지만 결코 가격이 지불되지 않는 상품이다. 서비스 노동자들은 친절의 대가로 많은 상처를 받는다. 대형 유통 할인점에서는 고객과 마찰이 생기면, 설령 고객이 잘못했더라도 노동자에게 불이익을 준다. 모멸감을 느끼도록 문 앞에서 크게 인사하는 벌을 주기도 한다.

2013년 청소 업체와 중앙대학교가 맺은 용역 계약서를 보면 "노래를 불러도 안 되고", "학생들과 이야기를 나누어도 안 되고", "자리에 앉아 있어도 안 되고" 오로지 청소만 하게 되어 있다. 수업에 방해가 되지 않음에도 콧노래를 흥얼거리며 일하는 게 이상한가? 학생들과 이야기를 나누는 것은 노동자들이 학교에 애착을 갖고 열심히 일한다는 증표일 수 있다. 자리에 잠깐 앉는다고 해서 일을 게을리한다고 볼 수는 없다. 그럼에도 이런 계약서를 통해 노동자들의 자율성과 인격을 침해한다. 콜센터 노동자의 처지도 별반 다르지 않다. 하루에도 수십 통씩 성희롱 전화가 걸려 오는데 웃으면서 답변할 것을 요구받는다.

서비스업에 종사하는 노동자의 대다수가 여성 비정규직이다. 이들에게는 주로 감정 노동이 요구된다. 고객을 친절히 대하고 자신을 낮추라는 기업의 요구에 따라 감정 노동의 강도는 점점 강해진다. 비정규직 노동자들은 쉽게 해고될 수 있기에 폭언이나 폭행을 당하는 심각한 상황에서도 참고 넘어가게 된다.

비정규직이라고 해서 인격을 판 것이 아니다. 회사는 노동자의 존엄성을 지킬 의무가 있다. 하지만 노동자들의 인격을 깎아내리고, 무례한 고객들에게 대응하지 못하게 하며, 이를 감당하지 못하는 노동자들을 해고함으로써 인권침해를 정당화하는 회사가 많다.

일하는 공간에서 비정규직 노동자들에게 낮은 자세를 강요해서는 안 된다. 2014년 다산콜센터에서 최초로 유급 감정 휴가가 보장되었다. 인권침해를 겪은 노동자들에게 감정 휴가를 보장하는 등의 치유는 중요하다. 그러나 그에 앞서 인권침해를 당하지 않도록 당당하게 대응하는 매뉴얼을 개발하는 한편, 과도한 서비스나 계약서상의 부당한 요구를 거부할 권리를 보장해야 한다.

자신의 일에 자율성을 가질 권리

비정규직이라는 이유로 일을 주도할 권한이 부여되지 않을 때가 있다. 영양사들은 아이들의 영양을 고려해 식단을 짜지만 아무리 식단이 좋더라도 아이들이 먹지 않으면 소용이 없다. 비정규직인 조리원들은 조리법에 대한 의견을 말할 권리가 없다. 비정규직 사서들은 정규직 사서와 달리 책을 정돈하는 역할만 담당하는 경우가 많다. 학생들과 오랫동안 일하면 학생들에게 어떤 책이 좋고, 꼭 구입해야 할 책이 무엇인지를 알게 되지만 비정규직이라는 이유로 그런 역량을 발휘하지 못한다.

명지대학교에서는 이미 10년 가까이 계약직 행정 조교로 일해 온 사람들이 있다. 〈기간제법〉이 시행된 뒤 명지대학교는 이들을 정규직으로 전환하지 않으려고 해고했다. 노동자들은 1년 넘게 싸워 2009년 무기 계약직으로 복귀했다. 명지대학교는 이들을 무기 계약직으로 전환했지만 한직으로 발령 내거나, 행정 업무를 맡기더라도 업무를 '기안'하는 권한을 박탈했다. 이들은 오랫동안 일해 와서 행정 업무 능력이 높았지만, 업무를 제한함으로써 그다지 중요하지 않은 일을 하는 사람으로 만들어 임금과 노동조건을 떨어뜨리려 한 것이다.

단시간 노동도 마찬가지이다. 박근혜 정부에서는 시간 선택제 일자리라는 이름의 단시간 노동자를 만들어 내고 있다. 예를 들어 정부는 공공 부문의 각 기업들에게 단시간 적합 직무를 개발하게 하고 있다. 이렇게 해서 공공 기관들이 만들어 내는 단시간 적합 직무는 전일제 노동자의 일 가운데 단순 업무만 빼낸 것들이다. 경력도 있고 중요한 업무를 하던 노동자일지라도, 시간 선택제로 들어온 이상 단순 업무만 하게 된다. 업무 자율성이 보장될 리 없다.

업무에 대한 권한은 제한되고 자율성은 없는 상황은, 자신의 노동조건을 개선하고자 나설 때도 똑같이 나타난다. 노동자라면 누구나 단결할 권리가 있다. 대표를 뽑아 협상할 수 있다. 그런데 비정규직 노동자들은 이 같은 권리가 종종 제한된다. 비정규직 노동자들이 교섭을 요청하면 진짜 사장인 원청 사업주는 교섭을 회피한다.

그러다 보니 비정규직 노동자들의 노동조건을 개선하는 교섭 자리에 정규직 노동자들이 대리해 나서는 경우가 많다. 현대자동차 사내 하청 노동자들이 불법 파견 문제의 해법을 찾기 위해 특별 교섭을 하는데, 주체인 사내 하청이 교섭의 중심이 되어야 하지만 회사 측에서 비정규직 교섭 대표가 많아지는 것에 불만을 표시하면서 정규직 지부와 사내 하청 지부, 금속노조의 교섭 대표 비율이 항상 쟁점이 되어 왔다. 이런 어려움을 뚫고 직접 교섭을 한 비정규직 노동자들도 있다. 학교 비정규직 노동자들은 실질적인 사용자는 교육청이라면서 시도 교육청과 직접 교섭했고, 청소 노동자들도 대학 총장들과 직접 교섭하기 위해 힘을 모으고 있다. 하지만 비정규직은 직접 교섭의 주체가 되지 못한다는 인식은 여전하다. 2015년 비정규직 종합대책의 일환으로 박근혜 정부에서 제출한 '사내하도급 가이드라인'을 보면, 비정규직 노동자들에게 정규직 노사협의회에 참여할 권리들을 보장하고 있으나, 결국 '참여'할 권리에 불과하다.

비정규직 노동자들은 사회적 기구이든 교섭 기구이든 모든 기구에 대표자들이 참석해 의견을 개진할 수 있어야 한다. 그리고 자신이 하는 일에 자율성을 갖고, 자신의 업무에 대해 발언할 수 있어야 한다. 노동조건 개선을 위해서는 비정규직도 업무의 주체이며, 교섭의 주체라는 사실을 명확하게 해야 한다.

인간으로서 존엄과 자율성 찾기

기업과 정부는 노동시간도 유연화하고자 한다. 대량생산의 시대가 아니니 수요에 따라 생산량을 유연하게 조절하고 새로운 제품을 내놓아야 경쟁에서 이길 수 있다고 한다. 생산의 유연화란 물량을 자유롭게 조절할 수 있는 시스템을 만드는 것이다. 그러기 위해 노동시간을 유연하게 만들어서 수요가 많을 때에는 많이 일하고, 수요가 적을 때는 적게 일하게 하려 한다. 그런데 이런 방식의 유연화는 일하는 사람을 힘들게 한다. 일이 많아지면 의무적으로 나와서 일해야 하는데 언제 일이 많아질지 예측할 수 없다. 그래서 시간 계획을 짜거나 친구들을 만날 약속을 잡기 어렵다. 교대 근무를 하는 노동자들 중에는 근무 스케줄이 고정되지 않아서 매달 말일에야 스케줄이 확인되는 경우가 있다. 이들은 한 달 뒤 일정을 미리 정할 수 없다.

정부에서는 '근로시간저축계좌제'를 만들겠다고 한다. 현행법상 법정 노동시간은 일주일에 40시간이다. 그 시간을 넘기면 초과 근로 수당을 지급해야 한다. 근로시간저축계좌제를 적용하면, 일이 많이 몰린 주에 60시간 일했다면 초과 근로 수당을 받는 대신에 20시간을 저축해 두게 된다. 그리고 쉬고 싶을 때 그 시간만큼 자유롭게 쓰게 하자는 것이다. 겉으로는 그럴듯하지만 시간 사용을 결정할 주체가 누구인지가 관건이다. 노동자들에게 시간에 대한 권리가 주어지지 않은 상황에서는 저축한 시간을 사용하려 할 때 사용자 측이 거부할 권리가 포함되기 쉽다. 결국 생산량에 따라 많이 일하거나 쉬라고 요구할 권리를 사용자가 더 유리하게 행사하게 된다면, 노동자들은 계속 대기 상태가 되어 노동조건은 열악해질 것이다.

어느 정도 시간을 자유롭게 쓰는 비정규직도 있다. 애프터서비스 노동자나 보험모집인처럼 외부에서 일하므로 기업의 통제가 미치지 않는 사람들이다. 그러나 기업들은 통제 수단을 계속 개발한다.

PDA로 동선을 체크하거나 건당 수수료 제도를 만들어 노동자들이 일했다고 간주한 시간만큼만 임금을 주는 식이다. 시간을 통제하기 어려울 경우 저임금을 지급해 자발적으로 노동강도를 강화하며 더 오래 일하도록 유도하기도 한다. 노동자들은 시간의 자율성을 갖기 위해 노력하는 한편, 시간과 임금을 연동하는 통제 방식에 대해서는 단호하게 문제 삼아야 한다.

공간의 권리도 더 많아져야 한다. 공간을 설계하는 사람들은 그 공간에서 일하는 사람들의 편리를 고려해야 한다. 청소 노동자들에게 따뜻한 밥 한 끼 먹을 수 있는 공간을 마련하자는 캠페인 과정에서 건축설계사들의 자기반성을 들을 수 있었다. 건축에는 예술적 감각도 필요하고 효율성도 따져야 하지만, 무엇보다도 사람이 일하는 공간이라는 사실이 가장 중요하게 고려되어야 한다. 일하는 사람을 생각하지 않는 공간은 그 자체로 폭력이다.

2012년 안산의 SJM이라는 기업에서 노동자들이 파업을 하자 직장폐쇄를 선포하고 컨텍터스라는 용역 업체를 동원해 노동자들을 무자비하게 폭행한 사건이 있었다. 중무장한 1천여 명의 용역이 노동자들을 폭행한 이 사건은 사회에 큰 충격을 주었다. 노동자들이 경찰들에게 살려 달라며 도움을 요청했으나, 경찰은 '회사 내부의 일'이라면서 도움을 거절했다. 회사 안은 치외법권 지역에 가깝다. 그 공간에서 사용자들은 무소불위의 권력을 행사하고, 노동자들에게는 공간에 대한 권리가 없는 것으로 간주된다. 그러나 기업의 공간은 사용자만이 아니라 일하는 사람 모두의 것이다. 그 회사를 세우고 키우기 위해 땀 흘려 왔던 노동자들은 공간에 대한 권리를 누릴 자격이 있다.

회사 안에서도 노동자의 인격은 침해할 수 없는 권리로 존중되어야 한다. 취업했다고 해서 그의 인격과 모든 권리를 양도한 것은 아니기 때문이다. 앞서 살펴본 "산업단지 노동실태와 개선방안"에 따르면, 여덟 개 공단 노동자들 가운데 40.6퍼센트가 폭언과 폭행, 성희롱과 감시, 왕따, 비인격적 처벌 등의 인권침해를 경험했다. 인권침해가 노동자 통제 방식으로 활용되는 것이다. 회사에서 일하는 노동자의 모든 것을 회사가 통제할 권한은 없다. 노동자는 기계도 아니고 노예도 아니다. 부당한 업무와 지나친 감정 노동을 거부하고, 자기 업무의 자율성을 지키며, 자신의 일을 직접 결정하고 의견을 개진할 권리가 있어야 한다. 또한 비정규직 노동자는 자신의 노동에 대해 발언할 수 있고 스스로 조직의 대표로서 교섭할 수 있어야 한다.

최소한의 기준인 〈근로기준법〉이 적용되지 않는 이유는?

한국심사자격인증원은 국제표준화기구ISO 경영 시스템 심사원 자격 인증 업무를 관장하는 국내 유일의 기관이다. 비영리 법인이므로 일반 회사처럼 이윤 중심으로 운영해선 안 된다. 그런데 비영리 법인답게 운영할지, 아니면 이익이 더 많이 나도록 운영할지를 둘러싸고 직원들 사이에 갈등이 생겼다. 그 과정에서 한 명이 해고당했다. 사용자가 입에 담지 못할 폭언을 해 정신과 치료까지 받는 심각한 상황에서 당한 해고였다. 보통의 경우라면 부당 해고가 될 것이다. 하지만 이 회사는 네 명만 일하는 사업장이었다. 그래서 〈근로기준법〉을 적용받지 않고, 부당 해고도 적용되지 않았다. 작은 사업장에서 일한다는 이유로 법률 대응도 제대로 할 수 없었던 것이다. 노동조합을 만들고 시민사회단체와 공동으로 목소리를 높인 결과 이 노동자는 한 달 만에 복직할 수 있었다.

〈근로기준법〉은 노동자가 누려야 할 권리의 최소 기준을 정한 법이다. 노동자라면 누구나 이 법의 보호를 받아야 한다. 그런데 이 법의 보호에서 제외되어 있는 사람들이 있다. 〈근로기준법〉도 매우 제한적인 법인데, 이마저도 적용받지 못하는 것이다. 〈근로기준법〉의 적용이 제외되는 대상이, 더 많은 보호가 필요한 비정규직과 영세 사업장 노동자라는 점에서 법의 적용이 거꾸로 서있는 한국의 현실을 본다.

〈근로기준법〉의 보호를 받지 못하는 노동자들

〈근로기준법〉 제11조(적용 범위)에 따르면 "이 법은 상시 5명 이상의 근로자를 사용하는 사업 또는 사업장에 적용한다. 다만, 동거하는 친족만을 사용하는 사업(장)과 가사사용인에 대해서는 적용하지 아니한다."라고 되어 있다. 적용되는 일부 조항은 시행령에 명시해 놓았다. 상식적으로 생각하면 〈근로기준법〉은 약자여서 보호받지 못하는 노동자를 보호하는 법이다. 가장 취약한 위치에 있는 노동자들일수록 더 많은 보호를 받아야 한다. 그런데 한국의 〈근로기준법〉은 이들을 보호에서 제외한다.

4인 이하 사업장에서는 자유롭게 해고할 수 있다. 휴업을 하더라도 휴업수당을 안 줘도 된다. 사장에게 금전적으로 부담이 되는 부분, 가령 더 많은 시간을 일하더라도 가산 수당을 주지 않아도 되며,

노동시간도 자유롭게 조정할 수 있다. 특히 심각한 것은, 4인 이하 사업장 노동자들은 근로조건이 법에 위반되었을 때 노동위원회에 구제를 신청할 권리마저 박탈한 것이다. 작은 사업장에서 일한다는 이유로 노동자라면 누려야 할 권리를 박탈당했기 때문에 평등권이 침해되었지만 헌법재판소는 사업주의 사정을 들어 합헌이라고 판정했다.

만약 사업주가 노동자의 당연한 권리를 보장하지 못할 정도로 어려운 형편이라면, 그 책임은 노동자가 아니라 국가가 져야 한다. 최소한의 보호마저 보장할 수 없을 정도라면, 정부가 나서서 그 기업에 대한 지원을 확대해 노동자들에게만은 최소 기준이 지켜지게 해야 한다. 그렇지 않고 노동자들에게 책임을 떠넘긴다면, 이는 국가의 직무유기이다. 게다가 가장 많은 수의 비정규직이 일하는 곳이 4인 이하 사업장이다. 전체 비정규직 노동자의 84.7퍼센트가 여기서 일하고 있다. 이들에게는 〈기간제법〉도 적용되지 않는다. 2년이 지나도 정규직 전환을 요구할 수 없으며 차별을 시정하라고 요구할 수도 없다. 영세 사업장의 비정규직은 이중으로 권리를 침해당하고 있는 것이다.

〈근로기준법〉을 적용받지 못하는 노동자들은 또 있다. 고용계약을 맺지 않고 위탁계약 형식으로 위장해 '노동자가 아닌' 노동자를 '특수 고용'이라고 한다. 이들은 출퇴근을 하고, 수수료나 도급비 등 다양한 이름으로 임금에 해당하는 돈을 사업주에게서 받는다. 사업주는 다양하게 노동자들의 업무를 통제하고 있다. 사업주가 이들의 노동조건과 임금에 영향을 미친다. 그럼에도 고용 형식만 바꿔 노동자가 아닌 것처럼 만든 것이다. 특수 고용 노동자들은 노동자가 아니라는 이유로 〈근로기준법〉의 적용 대상이 아니다. 임금이 지급되지 않아도 '임금 체불'이 아니고, 해고당해도 '위탁계약 해지'일 뿐이다. 임금이 체불되어도 구제받을 방법이 없고, 부당한 해고에 대항할 방법 또한 점점 없어지고 있다.

또한 가사 노동자도 〈근로기준법〉의 보호를 받지 못한다. 가사 노동자가 일하는 곳이 사생활 보호의 필요성이 있는 공간이어서 노동조건을 제대로 조사하거나 대응할 수 없기 때문이라고 한다. 간병 노동자를 포함한 가사 노동자는 호출 노동자이다. 비정규직 중에서도 가장 열악한 조건에서 일한다. 사용주가 원하면 애초에 약속하지 않은 일도 해야 하고, 사용인들이 업무와 무관한 복장 등을 문제 삼거나, 시간을 넘겨 일하게 하기도 한다. 밀폐된 공간에서 일하기 때문에 성폭력 위험에도 노출되어 있다. 임금 체불도 예사로 일어나고, 인격을 존중하지 않는 행동도 많다. 이들도 지금보다 더 많은 보호가 필요한 노동자들이다.

프랑스에서는 1879년에 이미 노동법에 가사 노동자에 대한 보호를 규정했고, 독일은 1951년, 일본은 1970년에 가내노동법 등을 통해 가사 노동자들을 보호해 왔다. 그리고 1996년 국제노동기구ILO는 가내근로협약과 보충권고를 채택했고, 2011년 6월 가사노동자협약을 통과시켰다. 이 협약은 ILO에 소속된 나라라면 의무적으로 비준해야 한다. 그런데 노동부는 한국 실정에 맞지 않는 협약이라면서 아직 비준하지 않고 있다. 그만큼 가사 노동자들의 권리 보장은 더디다.

　예술인들에게도 〈근로기준법〉은 완전하게 적용되지 않고 있다. 이른바 프리랜서라는 이유로 노동자성을 인정받지 못했던 것이다. 그러다가 최고은 씨의 죽음을 계기로 예술인들의 삶이 얼마나 힘든지 알려지면서 예술인도 노동자이고 노동자에 맞는 권리가 보장되어야 한다는 목소리가 높아졌다. 하지만 고용노동부는 예술인을 노동자로 간주하면 범위가 너무 넓어진다면서 〈근로기준법〉 적용에 동의하지 않았다. 그러다가 2013년 〈예술인 복지법〉이 만들어졌고, 예술인에게 산재보험료를 지원하고 예술인을 대상으로 하는 불공정 행위를 제재할 수 있게 되었다. 그러나 여전히 대다수의 예술인은 정당한 권리를 누리지 못하고 있다.

　이처럼 〈근로기준법〉조차 적용되지 않는 노동자들이 많다. 프리랜서라서, 특수 고용이라서, 영세 사업장 노동자라서, 가사 노동자라서 보호받지 못한다. 고용 형태가 복잡해지고 다변화되는 사회에서 전통적인 고용구조 안에 들어가지 못해 〈근로기준법〉을 적용받지 못하는 현실을 생각하면, 〈근로기준법〉이 노동자 권리의 최소 기준을 정한 법이라는 사실이 무색해진다.

사회보험이 제대로 적용되지 않는 비정규직

　비정규직 노동자들은 정규직보다 불안한 상황에 놓일 경우가 많다. 노동자들이 일하다 사망한 사례는 비정규직이 압도적으로 많은데, 이는 유해하고 위험한 업무에 비정규직을 많이 투입하기 때문이다. 따라서 비정규직 노동자들은 산재보험에 반드시 가입되어야 한다. 워낙 고용이 불안정하고 자주 해고되니 고용보험도 잘 보장되어야 한다. 그렇지만 비정규직의 사회보험 적용률은 훨씬 낮다. 2015년 4월 28일 고용노동부가 발표한 "2014년 고용형태별 근로실태 분석"에 따르면 정규직의 건강보험 가입률은 97.8퍼센트에 달했지만, 비정규직은 51.2퍼센트에 불과했다. 국민연금 가입률은 정규직 97.6퍼센트, 비정규직 48.2퍼센트였다. 고용보험의 정규직 가입률은 95.4퍼센트, 비정규직은 63퍼센트였다(〈그림 11〉 참조).

　앞서 살폈듯이 비정규직 노동자들이 4대 보험 적용을 꺼리기도 한다. 산재보험은 사업주들이 의무적으로 가입하는 보험이라 가입률이 높지만, 고용보험의 경우 보험료가 공제되면 임금이 줄어 생계를 꾸리기 어려워지므로 가입하지 않으려는 경향이 있다. 사용자가 원하지 않아서 4대 보험에서 제외되는 경우 못지않게, 저임금 노동자들이 가입을 피하는 경우도 있는 것이다. 반월·시화공단에 있는 한 업체는 파견 노동자들을 계약직으로 전환하면서 임금을 인상했다. 그런데 반길 줄 알았던 파견 노동자들이 기간제 전환을 오히려 꺼렸다. 기간제로 전환하면 4대 보험료를 떼야 하는데 그렇게 되

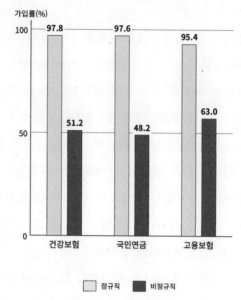

그림 11_ 정규직·비정규직 노동자의 사회보험 가입률 (2014년 기준)

가입률(%)

- 건강보험: 정규직 97.8, 비정규직 51.2
- 국민연금: 정규직 97.6, 비정규직 48.2
- 고용보험: 정규직 95.4, 비정규직 63.0

□ 정규직 ■ 비정규직

주 : 가입이 의무화된 산재보험의 경우, 정규직 97.7%, 비정규직 96.5%로 나타남.
자료 : 고용노동부, "2014년 고용형태별 근로실태 분석"(2015/04).

면 임금이 줄기 때문이다. 생계를 간신히 유지하는 저임금 노동자 입장에서는 4대 보험료도 큰 부담이 된다.

따라서 비정규직의 사회보험 가입률을 올리려면 사회보험료 감면 혜택을 주어야 한다. 물론 정부도 다양한 방식으로 사회보험료를 감면하고 있다. 그런데 감면 혜택은 대부분 노동자가 아니라 사용주에게 돌아간다. 사용주가 비용 부담 탓에 사회보험에 가입하지 않는다고 간주하는 것이다. 실제로 그런 측면도 있기에 사용주를 대상으로 사회보험을 지원하는 것도 의미는 있다. 하지만 앞서 말한 이유로 가입률을 높이려면 노동자들에 대한 직접 지원 혜택이 있어야 한다. 특히 비정규직 노동자 가운데 임시·일용직 노동자들은 사회보험 가입률이 낮다. 사회보험료를 지원하고자 한다면 이들을 특정해 지원하는 방식으로 제도를 운영해야 한다.

노동자가 아니라는 이유로 4대 보험에 가입하지 못하는 이들도 있다. 특수 고용 노동자가 대표적이다. 이들은 노동자로 인정받지 못해 산재보험의 적용 대상이 되지 못했다. 그러나 〈산업재해보상보험법〉이 바뀌면서 특수 고용 노동자들을 직군별로 분리해 네 개 직종(보험모집인, 골프장 경기 보조원, 학습지 교사, 레미콘 기사)에 더해 퀵서비스 기사도 적용 대상에 포함하는 등 산재보험 허용 직종이 늘어나고 있다. 그러나 특수 고용 노동자들은 다른 노동자들과는 달리 산재보험료를 노동자 개인도 일부 부담하게 하며, 의무 가입이 아니라 신청해야 한다. 개인의 부담도 크고 회사의 눈치도 보여 신청율은 여전히 미미하다. 직군과 관계없이 모든 특수 고용 노동자에게 산재보험이 적용되어야 한다. 또한 산재보험료는 다른 사업장과 마찬가지로 사용자가 전액 부담해야 한다.

비정규직 노동자들이 권리에서 배제되지 않아야 한다

우리 사회에서 '노동자'라는 말은 긍정적인 어감은 아니다. 그런데 "우리도 노동자다."라고 외치는 이들이 있다. 화물 운송 노동자, 덤프트럭을 운전하는 노동자, 학습지 노동자, 골프장 경기 도우미 노동자, 애프터서비스 노동자, 예술 노동자, 가사 노동자……. 이들이 외친 "우리가 노동자다."라는 말에는 노동자가 누려야 할 당연한 권리들을 우리에게도 부여하라는 뜻이 담겨 있다. 1987년 7월부터 9월까지 무려 2천여 개의 노동조합이 만들어졌다. 파업에 나선 노동자들의 힘으로 조금씩 권리를 보장받을 수 있었다. 1970년 전태일은 "근로기준법을 준수하라."고 외치며 자신의 몸에 불을 붙였지만, 1987년 이후로 〈근로기준법〉도 어느 정도 지켜졌고 임금도 인상되었다. 기업은 노동자들의 힘에 밀려 어느 정도 권리를 부여하는 대신, 권리가 배제되는 노동자들을 만들기 시작했다. 노동자의 권리가 배제된 이들이 스스로 '노동자'라고 호명하는 것은, 자신들의 투쟁으로 권리를 찾겠다는 선언이기도 하다.

그런데 노동자의 권리로부터 배제된 노동자들은 단지 법적인 권리에서만 배제되는 것이 아니다. 가장 기본적인 권리가 배제된 노동자들은 다른 사회적 권리까지 배제된다. 비정규직 노동자들은 대출받기 어렵다. 비정규직으로 일하는 것이 확인되면 신용 평가에서도 좋은 등급을 받지 못한다. 직장 보육 시설이나 탁아 시설을 제대로 이용하기도 어렵다. 비정규직일수록 더 많은 사회적 지원이 필요한데, 비정규직이라는 이유로 지원을 받지 못하는 것이다. 비정규직은 정보에서도 소외된다. 보육 시설이나 각종 사회보장 혜택에 대한 정보가 오가는 통로는 사람들 사이의 관계망이다. 하지만 비정규직 노동자들은 저임금 탓에 오래 일하므로 이런 정보를 공유할 만한 관계의 일원이 되기 어렵다. 더 많은 권리가 필요한 비정규직 노동자들이 더 많이 배제되는 것이다.

은행에서 비정규직 노동자들을 정규직으로 전환했을 때, 정규직으로 전환된 사람들에게 일어난 가장 큰 변화는 아이를 한 명 더 낳기 시작했다는 것이다. 비정규직일 때는 출산휴가를 자유롭게 쓸 수 없고, 아이를 낳아도 맡길 곳을 찾기 어렵고, 미래마저 불안정하니 아이를 낳지 않으려는 경향이 강했다. 정규직으로 전환되고 나서는 출산휴가도 쓸 수 있고 어느 정도 일자리도 안정되니 아이를 더 낳아서 키울 수 있겠다고 생각했다는 것이다. 이는 배제되었던 권리 안에 다시 편입되는 순간 사회적으로도 안정된 관계망에 들어선다는 사실을 보여 준다.

비정규직 노동자는 노동자로서 누려야 할 기본적인 권리에 더해, 사회적인 관계망을 회복하고 삶의 풍요를 누릴 수 있어야 한다. 사회를 구성하는 다양한 정보에 접근할 수 있어야 한다. 비정규직 노동자들도 어렵지만 최선을 다해 사회적 관계망을 구성하고, 정보를 주고받을 수 있어야 한다. 이는 물론 정당과 사회단체의 역할 중 하나이다. 최근에는 '민중의 집'이 지역마다 만들어지고 있다. 비정규직 노동자들의 쉼터 역할도 하고, 삶을 문화적으로 풍성하게 만드는 프로그램도 진행하고, 생활비를 아끼는 방안이나 현장에서 부딪치는 문제를 해결할 방법도 제공한다. 자녀들의 교육과 미래 전망을 함께 고민하는 공간이 되기도 한다. 무엇보다도 이런 공간은 노동자들이 '함께 사는' 방안을 제시한다. 이런 형태의 지역 모임이 더욱 활성화되고, 누구든 자유롭게 드나들 수 있도록 문턱이 낮아져야 한다. 그리고 비정규직 고용 형태를 양산해 삶의 권리를 박탈하는 사회를 바꾸기 위해 노력해야 한다.

단결하고 투쟁할 권리

2013년 중앙대학교에서 청소 노동자들이 노동조합을 만들고 파업을 시작했다. 건물을 청소하던 이들에게 외곽 청소까지 시키고 휴일에도 일하게 하는 것을 참을 수 없었기 때문이다. 그런데 이들이 파업하자 중앙대에서 온갖 종류의 가처분 신청을 냈다. 그중 하나가 "대자보를 붙이면 1백만 원을 내라."는 것이었다. 학교의 태도가 잘못되었다고 여긴 학생들은 학내 게시판에 '1백만 원짜리'라면서 온갖 대자보를 붙여 학교의 행위를 질타했다.

참으로 이상하다. 파업은 헌법에 보장된 권리이기 때문에 집회도 할 수 있고 대자보도 붙일 수 있다. 그럼에도 이런 가처분 신청을 할 수 있었다는 것이 놀랍다. 마땅히 부당노동행위로 처벌받을 행위를 중앙대가 아무렇지 않게 할 수 있었던 것은 중앙대가 '법적인 사용자'가 아니기 때문이다. 중앙대 청소 노동자들은 학교를 위해 일하지만 법적으로는 용역 업체 소속이기에, 중앙대학교는 시설 보호 차원에서 이런 조치를 할 수 있다고 주장했다. 정당한 노동조합의 활동이 '법적인 사용자' 논리에 의해 침해되는 것이 오늘날 비정규직이 처한 현실이다.

노동조합을 만들 권리도, 교섭의 권리도 없다?

세계인권선언 제24조 4항은 다음과 같이 규정한다. "모든 사람은 자신의 이익을 보호하기 위해 노동조합을 결성하고, 가입할 권리를 가진다." 자본주의사회에서 노동자들은 약자이다. 가진 것이 없는 노동자들은 자기 몸 하나 열심히 움직여 일해야 먹고살 수 있기 때문이다. 그래서 노동자들에게는 노동조합이 중요하다. 개인의 노력으로는 부당한 처지에서 벗어나기 힘든 비정규직 노동자들도 뭉쳐서 권리를 주장하면 현실을 조금씩 변화시킬 수 있다. 법적으로 권리를 갖지 못한 노동자들은 자신들의 힘으로 권리를 찾을 수밖에 없다. 게다가 우리나라에서는 노동조합만이 대표성을 인정받고 있기에 비정규직 노동자들에게 노동조합 결성권은 무척 중요하다.

하지만 불행히도 비정규직 노동자들은 노동조합을 만들 권리가 제한되며, 설령 만들었더라도 행정절차가 복잡해 파업을 하기도 힘들다. 우여곡절 끝에 파업을 하더라도 제대로 교섭하기가 어렵다. 교섭을 해서 권리를 찾아도 그 때문에 해고될 위험이 높다. 노동권이 박탈된 것이야말로 비정규직 노동자들에게는 가장 뼈아픈 일이다. 노동권이 보장된다면, 그리고 더 많은 비정규직 노동자들이 노동조합에 가입해 있다면 지금처럼 무기력하게 저임금과 더 나쁜 노동조건에 처해지는 일은 어느 정도 막을 수 있었을 것이다.

비정규직 가운데 계약직 노동자들은 정규직과 마찬가지로 노동조합을 만드는 데에는 큰 어려움이 없다. 계약직 노동자들을 조합원으로 받아들여 노동조건을 개선하기 위해 함께 노력하는 정규직 노동조합은 꽤 있다. 그런데 계약직은 법적인 제한은 없지만 계약 해지가 두려워 노조에 가입하지 못하는 경우가 많다. 계약직 노동자들이 노동조합을 만들거나 노조에 가입할 때는 주로 부당하게 재계약을 거부당했다고 여길 때이다. 최근에는 계약직 노동자들이 무기 계약직으로 전환하는 경우가 많고, 고용 안정을 보장받을 가능성이 생겨났기 때문에 무기 계약 전환을 내걸고 노동조합을 만들기도 한다. 하지만 대개는 고용에 대한 불안함으로 말미암아 노동조합 활동에 참여하지 못하게 발목을 잡고 있는 것이다.

특수 고용 노동자들은 노동조합을 만드는 것 자체가 어렵다. 이들은 노동자임에도 '노동자가 아니'라는 이유로 노동조합을 설립하지 못한다. 건설노조는 산별노조로서 건설 일용 노동자들이나 건설기계 노동자들이 모두 포함되어 있다. 그런데 노동부는 건설노조안에 덤프트럭 노동자, 레미콘 노동자 등 특수 고용직이 포함되어 있다는 이유만으로 계속 시정 명령을 내리고 있다. 노동조합의 대표가 바뀌었다는 신고를 받지 않기도 했다. 레미콘이나 덤프트럭 운전자도 임금을 받아 생활한다. 이미 현장에서는 노동조합을 인정해 단체협약도 체결하고 있다. 고용노동부가 시대에 역행하고 있는 셈이다.

〈근로기준법〉상 특수 고용 노동자들을 노동자로 인정할 수 없지만 〈노동조합법〉상 노동자로는 인정해야 한다는 판례도 나오고 있다. 노동조합법은 사회적으로 약자일 수밖에 없는 노동자들의 단결권과 단체교섭, 단체 행동을 보장하므로 이 권리는 되도록 폭넓게 인정되어야 한다는 인식이 커지고 있다. 그런데 정부는 다른 안을 내놓고 있다. 노동조합이 아닌 단체를 인정하되 단체 행동, 즉 파업권을 주지 않고 교섭할 권리만 주겠다는 것이다.

그런데 노동자들이 단체를 결성하는 데 누군가의 허락이 필요하지는 않다. 지금도 마음만 먹으면 어떤 단체든 결성할 수 있다. 중요한 것은 파업권이다. 노동자에게 파업을 할 권리가 없다면 무슨 힘으로 교섭을 할 수 있을까? 이 권리가 인정되지 않아서 재능교육 교사들은 일방적으로 수수료를 삭감당했다. 억울해서 천막 농성과 고공 농성을 했고, 그것이 불법이라는 이유로 엄청난 손해배상을 감당해야 했다. 파업권을 주지 않는 것은 제멋대로 임금이 깎여도 아무 소리 말고 가만히 있어야 한다는 것을 의미한다. 단결권과 단체교섭권, 단체행동권은 분리될 수 없는 하나의 권리이다. 특수 고용 노동자들에게도 이 권리가 모두 인정되어야 한다.

간접 고용 노동자도 어려운 상황에 놓여 있다. 임금과 노동조건을 사실상 결정하는 원청 사업주는 사용자 책임을 지지 않는다. 우리나라에서는 고용계약 관계를 맺은 사업주하고만 교섭하게 되어 있어서 진짜 사장인 원청은 교섭에 나올 의무가 없다. 삼성전자서 비스는 노동자들을 채용해 교육·훈련을 시키고 이들의 업무를 평가 한다. 수리에 필요한 모든 물품은 삼성전자서비스가 제공하고 관리 한다. 협력 업체의 사장들은 말이 사장일 뿐 협력 업체를 관리·운영 하는 대가로 삼성전자서비스에서 월급을 받는다. 그럼에도 삼성전 자서비스는 자신들은 사용자가 아니라면서 삼성전자서비스 노동자 들의 교섭 요구를 회피했다. 권리는 무한정 누리면서 사용자로서 책임은 지지 않는다. 심지어 하청 업체 노동자가 파업할 경우 계약 을 해지한다는 조항을 넣어 하청 업체 노동자들의 권리를 박탈하는 원청 업체들도 있다.

진짜 사장이 나오지 않으면 교섭은 의미가 없다. 원청 업체가 도 급 금액을 올려야 하청 업체 노동자들의 노동조건을 개선할 수 있 는데, 원청회사는 침묵하고 하청 업체의 '바지 사장'들이 나와서 이 야기한들 무슨 변화가 있겠는가? 하청 업체 사장들은 자신에게 아 무 권한이 없다는 말만 되풀이할 뿐이다. 심지어 원청 업체들은 사 용자 책임을 지지 않는 점을 악용해 노조를 탄압한다. 인천공항에 서 일하는 노동자들의 85퍼센트가 하청 업체 비정규직이다. 인천공 항을 세계 1위의 서비스 공항으로 만든 것은 이들의 노력이다. 그런 데 인천공항은 비정규직 노동자들이 노동조건을 개선해 달라고 요 구하며 파업을 하자 손해배상을 청구하고 출입 금지 조치를 취했 다. 비록 현대중공업이 사내 하청 노동자들에게 부당노동행위를 한

당사자라는 사실을 인정한 판결도 있고, 수자원공사가 하청 노동자들과 교섭해야 한다는 단체교섭응낙가처분 결과도 있지만, 여전히 원청 사용자의 법적 책임은 충분히 인정되지 않고 있다.

비정규직 노동자들은 복수 노조 교섭 창구 단일화 절차 탓에 단결하고 교섭할 권리를 행사하지 못한다. 2011년 이전에는 한 사업장에서 여러 노조를 만들지 못하게 한 법안이 있었다. 2000년 당시 한국통신 계약직 노동자들이 정규직 노조에 가입하려 했으나 가입을 거부당해 독자적으로 노조를 만들려 했는데, 정규직 노조 규약에 계약직을 포함할 수 있게 되어 있었기 때문에 복수 노조 금지 조항에 저촉되어 노동조합을 만들 수 없었다. 결국 정규직 노조가 규약의 가입 자격에서 계약직을 제외함으로써 계약직 노동자들이 별도로 노동조합을 만들 수 있게 되었지만 이때 비정규직 노동자들이 받은 상처는 컸다.

2011년부터 복수 노조 금지 조항이 사라져 한 사업장에서 자유롭게 여러 노조를 만들 수 있게 되었다. 그렇다고 비정규직들이 자유롭게 노조를 만들고 교섭할 수 있게 된 것은 아니다. 한 기업에 여러 노조가 있으면 교섭 창구를 단일화하는 절차를 거쳐야만 교섭할 수 있다. 기업들은 경영진에 친화적인 노조 설립을 도와 기존 조합원들을 빼가고, 창구 단일화를 어렵게 만들어서 교섭이 제대로 이루어지지 못하게 방해한다. 청소 노동자들이 노동조합을 만든 여러 대학에서 사용자가 만든 노조 때문에 제대로 교섭하지 못하는 경우가 많다. 교섭 창구 단일화 제도를 없애고 자유롭게 교섭할 수 있게

해야 한다. 자유롭게 노조를 만들고 교섭하는 권리가 제한되어서는
안 된다.

노동조합 결성권이 막혀 있는 것도 문제이지만, 법적으로 인정되
어도 비정규직 노동자들은 쉽게 노동조합을 만들거나 가입하기 어
렵다. 노동조합을 만들거나 노동조합에 가입하는 순간 회사는 계약
을 해지한다고 협박하거나 업체를 폐업하는 일이 허다하기 때문이
다. 노동조합 활동을 했다는 이유로 해고당해도 기업이 '기간 만료
에 따른 계약 해지'라고 주장하면 꼼짝없이 당한다. '해고'가 아니라
'계약 해지'이더라도 조합원이라는 이유로 해고했다는 정황이 확인
되면 부당노동행위로 인정할 수 있도록 좀 더 넓게 해석할 필요가
있다.

비정규직 투쟁은 모조리 불법일까

2010년 7월 대법원은 현대자동차 사내 하청 노동자인 최병승 씨
를 정규직으로 전환하라고 판결했다. 현대자동차가 원래 직접 고용
했어야 하는 노동자를 도급으로 위장해 불법 파견을 통해 사용했으
므로 〈파견법〉 조항에 따라 2년이 된 노동자는 정규직으로 인정해
야 한다는 것이었다. 이 판결 이후 현대자동차 사내 하청 노동자들
이 노동조합에 대거 가입하고 회사에 정규직 전환을 촉구했다. 그
리고 교섭하자고 이야기했다. 그런데 회사는 일단 기다리라고 반응

하거나 노조를 교섭 주체로 인정할 수 없다고 말했다. 그러면서 정규직 전환 대신 '신규 채용'을 제안하면서 노동자들을 흔들었다.

그해 말 노동자들은 25일간 공장을 점거하고 파업을 했다. 힘을 보여 주지 않으면 교섭조차 이루어지지 않기 때문이다. 대법원 판결을 이행하라고 요구하는데, 그 교섭 요구를 할 수 있는 통로가 없었던 것이다. 점거 농성 기간 동안 전기는 끊어지고 음식도 제대로 공급되지 않았다. 배고픔을 견디고 추위와 씨우며 버티다가 결국 노동자들은 점거 파업을 풀었고, 그로 인해 몇 백 명이 징계를 당했다. 언론에서는 과격한 투쟁을 할 것이 아니라 합리적으로 당사자들이 교섭해 해결해야 한다고 말했다. 그렇다면 이들은 어떤 통로로 교섭해야 했을까? 원청회사는 법원 판결이 내려졌지만 이행 강제금을 내면서 버티고, 정규직 전환이 아니라 신규 채용을 하면서 노동자들을 흔들고 있는데 무엇을 믿고 기다려야 했을까?

대부분의 비정규직 노동자들이 노조를 만드는 순간 어려움에 처한다. 처음 노조를 만들 때에는 누구나 교섭도 잘 이뤄지고 사안이 합리적으로 해결되기를 바란다. 어느 누구도 힘든 싸움을 원하지 않는다. 그런데 이런 기대는 대부분 희망 사항으로 끝난다. 노조를 만들면 회사는 앞장선 이들을 해고하거나 탄압한다. 하청 업체나 용역 업체라면 그 업체와의 계약을 해지한다. 회사의 입장에서는 법적으로 책임지지 않아도 되므로 비정규직 노조와 교섭할 생각을 하지 않는다. 가장 손쉬운 방법을 택하는 것이다. 우리나라의 법과 제도, 사회적 분위기가 그런 기업을 인정하고, 오히려 노조를 욕하다 보니 기업들은 거리낌 없이 비정규직 노조를 탄압한다.

이런 상황에서 비정규직 노동자들에게 주어진 방법은 별로 없다. 노동자들이 최대한 많이 노조에 가입해 힘을 발휘할 수 있다면 상황은 달라질 수 있다. 2003년 화물연대 노동자들이 대규모로 조직되어 큰 힘을 낼 수 있었기에 국토교통부가 교섭하자고 나선 바 있다. 수만 명의 학교 비정규 노동자들이 노조에 가입해 파업을 하자 각 시도 교육청도 교섭에 나올 수밖에 없었다. 하지만 이렇게 조직될 수 있는 비정규직은 많지 않다. 대부분의 비정규 노조들은 매우 제한된 조건 아래 어려운 싸움을 한다.

비정규 노조를 만들었다는 이유로 해고되어 밖으로 내몰리면 노동자들은 회사를 지속적으로 괴롭히는 방법을 선택하게 된다. 그래서 천막 농성도 하고 선전전도 한다. 회사는 농성과 선전전이 불법이라고 주장한다. 자기네 회사 노동자가 아니라면서 농성에 대해 어마어마한 손해배상과 가압류를 신청한다. 재능교육은 가압류로도 모자라 직접 압류하기도 했다. 시어머니와 함께 살고 있는 집의 살림에 빨간 딱지를 붙여 경매에 넘기고, 노동조합 사무실과 차량을 압류해 경매에 넘긴 것이다. 이들의 임금은 '임금이 아니'라는 이유로 전액 압류되기도 했다. 일을 해도 아예 살 수 없도록 벼랑 끝으로 내몰아 죽든지 포기하라고 압박한다.

노동자들은 다시 사회에 호소한다. 노동조합을 만든 것이 죄인지, 최저임금 혹은 최저임금도 안 되는 돈을 받으면서 일하다가 법에 보장되어 있는 노동조합 하나 만들려던 것이 이렇게까지 탄압할 일인지 사회에 호소하고 묻는다. 기업이 노동자의 권리를 폭력적으로 제한하는데 법적으로 정당한 것으로 인정받아도 되는지 묻는다.

그러나 이들은 대부분 사회적인 관심에서 벗어나 있다. 지금도 곳곳에서 수많은 비정규직들이 권리를 찾고자 애쓰고 있다. 어떻게 해서든 기업들의 횡포를 고발하고 문제를 해결하려고 노력한다. 50 미터 상공의 굴뚝, CCTV 송전탑, 올림픽대교 상징물에 올라간다. 길디긴 시간을 고공에서 추위·배고픔·외로움을 견디면서 허공에 외친다. 이것도 안 되면 단식을 하기도 한다. 30일, 40일은 이제 일도 아니다. 기륭전자 노동자들은 90일이 넘도록 그야말로 목숨을 걸고 단식을 했다. 그렇게라도 하지 않으면 문제가 해결되지 않기 때문이다.

비정규직 노동자들의 싸움은 그들의 의지를 보여 주는 것이 아니다. 그들이 당연히 누려야 할 권리가 어떻게 심각하게 짓밟히고 있는지, 그 권리를 찾기는 얼마나 힘들고 어려운지, 그리고 이 같은 심각한 문제에 대해 우리 사회가 이토록 무관심하다는 것을 보여 주는 징표이다. 투쟁만 하지 말고 당사자들이 대화하고 타협해 해결하라는 것은 안이한 주장이다. 그에 앞서 대화와 타협을 불가능하게 만드는 구조를 살펴봐야 한다.

그렇게 힘들게 싸울 바에야 정치권에 요청하는 게 더 낫지 않을까 생각하는 사람들도 많다. 그런데 비정규직 노동자들이 정부에 호소하고 국회에 청원하고 기업의 온정에 기댄다면 빼앗긴 권리를 되찾을 수 있을까? 그렇지 않다. 기업은 비정규직들이 약자라는 사실을 이용해 더 많은 이윤을 만들어 낸다. 그러면서도 '더 많은 비정규직!'을 외치고 있다. 정부는 그런 기업의 요구를 충실하게 수용해 비정규직을 늘리기로 작정했고, 이를 국가의 고용 전략으로 내놓고 있다. 국회에서는 여야 모두 '비정규직 보호'를 외쳤지만 결국 정치적 타협의 대상이 되었다.

노동권을 빼앗긴 비정규직 노동자들이 단결하고 투쟁하기는 쉽지 않지만 그럼에도 가능성은 있다. 1987년 이전 노동자들은 두발 단속을 당하고, 회사 안에서 폭행에 시달리는 등 인간 이하의 대접을 받았다. 노동조합을 만드는 것은 꿈도 꾸지 못했다. 그러나 민주화 흐름을 타고 수많은 노동자들이 노동조합을 중심으로 뭉쳤다. 그리고 조금씩 노동조건을 개선해 갔다.

지금도 비정규직 노동자들은 마음속으로 변화를 갈망한다. 이렇게 살 수는 없다는 각성도 깊어지고 있다. 우리가 일하는 곳부터 조금씩 변화를 만들려고 노력하고, 그 힘을 모아 제도를 변화시켜야 한다. "특수 고용 노동자들의 노동권을 완전히 인정하라."고 요구해야 하고, "진짜 사장인 원청이 사용자 책임을 지도록 〈노동조합법〉을 개정하라."고 요구해야 한다. 그리고 "부당노동행위의 범위를 넓혀 노조 활동을 빌미로 계약을 해지한 정황이 있다면 부당 해고로 인정하라."고 주장해야 한다. 비정규직 노동자들이 노동조합을 만들면 사용자들이 그에 상응하는 사용자단체를 구성해 교섭에 임하게끔 제도를 바꿔야 한다. 모든 노동자가 노동조합을 만들어 교섭할 수 있도록 교섭 창구 단일화 제도를 폐지해야 한다. 권리는 싸우는 자의 것이다.

비정규직 노동자들은 아직 힘을 다 보여 주지 않았다

노동조합을 잘 지켜 가면서 임금 인상, 노동조건 개선, 정규직 전환 등에 성공하는 경우도 많다. 물론 그동안 깨지고 상처 입으면서도 노동조합을 만들고 싸운 이들 덕분이다. 2000년대 초반까지만 해도 비정규직 노동자들이 노동조합을 만들면 기업들은 업체와의 계약을 해지하거나 노동자들을 해고하는 것이 일반적이었다. 그런데 지금은 기업들이 그렇게까지 무리하게 대응하지 않기도 한다. 해고된 비정규직들이 순순히 쫓겨나는 대신에 거세게 저항했기 때문이다. 이를 경험한 기업들이 무조건적인 계약 해지에 부담을 느끼게 된 것이다.

사회적인 지원과 연대도 노동조합을 지키는 힘이 되었다. 홍익대학교나 중앙대학교 등 서울 지역 대학 청소 노동자들이 노동조합을 지켜 가며, 임금을 인상하고 노동조건을 개선한 데는 학생들의 연대와 사회적인 지지가 큰 힘이 되었다. 기륭전자 노동자들의 투쟁에, 미국산 쇠고기 수입 반대운동에 함께했던 이들이 연대하고, 문화 예술인들과 종교인들이 함께하면서 확장된 사회적 연대는, 이후 한진중공업 희망버스, 쌍용자동차 희망지킴이 등으로 확대되었다.

2014년 초반 기준으로 비정규직 노동자의 노조 가입 비율은 3퍼센트에도 못 미친다. 해고에 대한 공포, 절대 바뀌지 않는다는 무력감, 노동조합에 대한 왜곡된 인식 때문이다 그렇지만 우리는 비정규직 노동조합들이 세상을 어떻게 바꾸어 왔는지를 주목해야 한다. 2000년 이후 만들어진 비정규직 노동조합들이 고군분투한 결과 비정규직 문제는 누구나 한 번쯤 고민하는 사회적인 문제가 되었다.

이제 비정규직이 나쁜 고용 형태라는 사실을 모두가 안다. 그동안 정부와 기업은 비정규직이 나쁘지 않다고 주장했다. 비정규직은 다양한 고용 형태 중 하나이며, 고용을 유연하게 하되 차별을 없애고 쉽게 재취업할 길을 열겠다고 했다. 하지만 비정규직을 늘린 결과 기업만 살찌고 노동자들의 권리는 줄어들었다. 이런 상황에서 모든 비정규직 노동자가 침묵하고 현실에 순응했다면 기업이나 정부가 '비정규직 대책'을 마련하겠다고 하지도 않았을 것이고, 노동조합을 인정할 일도 없었을 것이다. 비정규직 노동자들이 권리를 찾고자 어렵사리 나섰기에 비정규직 제도는 나쁘고, 이를 바꾸기 위한 사회적·제도적 노력이 필요하다는 공감대가 넓어졌다.

비정규직 노동자들에게 어떤 권리가 필요한지를 알게 된 것도 중요한 성과이다. 계약 해지에 맞서 싸운 이들 덕분에 "상시 업무에는 반드시 정규직을 써야 한다."고 주장할 수 있게 되었다. 그리고 특수고용 노동자들이 목소리를 내면서 "고용 형태가 어떻게 위장되어 있든 노동자로 인정해야 한다."는 주장을 많은 사람이 수긍하게 되었다. 용역·하청 노동자들의 싸움 덕분에 "중간착취를 마음대로 하는 파견과 불법 파견을 없애고 직접 고용을 원칙으로 삼아야 한다."

는 깨달음을 얻었다. 그리고 "진짜 사장인 원청이 사용자로서 법적인 책임을 지게 해야 한다."는 요구가 많은 이에게 받아들여졌다. 청소 노동자들과 아르바이트 노동자들이 열심히 싸운 덕에 "최저임금도 현실화되고 생활임금을 주어야 한다."고 주장할 수 있게 되었다.

비정규직 노동자들은 노동조합을 만들고 난 이후 가장 큰 변화를 이야기할 때 임금과 노동조건이 나아졌다는 사실보다는 "주눅 들지 않게 되었다."는 것을 먼저 꼽는다. 차별에 순응하고 자존감에 상처를 입으면서도 계약 연장을 위해 큰 소리 내지 못하고 일해 왔으나, 노동조합을 만들고서야 비로소 당당하게 '권리'를 주장할 수 있게 된 것을 가장 큰 성과라고 여겼다. 그러다 보니 나 자신의 권리뿐만 아니라 다른 이들의 권리도 생각하게 된다. 만약 자신의 임금과 노동조건만을 생각한다면 부당한 대우를 당했다 하더라도 다른 기업으로 가는 것이 나을지 모른다. 하지만 부당함에 순응하지 않겠다고 선언하고 자존감을 지키려고 하는 이들은 다른 이들의 권리에 대해서도 관심을 갖게 된다.

비정규직은 자신의 권리를 스스로 주장하지 못하는 약자가 아니다. 시혜의 대상도 아니다. 지금은 그들이 목소리를 내지 못하게 가로막는 사회적 조건이 많지만, 비정규직 노동자들이 제 목소리를 내기 시작한다면 정부나 기업이 귀를 기울일 수밖에 없을 것이다.

3부

우리가 세상을 바꿀 수 있는 이유

비정규직 노동자들의 힘든 싸움을 지켜보면 그렇게 해서 세상이 바뀔지 의문이 들기도 한다. 그렇지만 싸우는 사람은 안다. 이들과 연대해 본 사람도 안다. 이들이야말로 세상을 바꿀 수 있다는 것을. 이들이 자신의 노동조건을 개선하기 위해서뿐만 아니라 전체 노동자들의 권리를 위해 싸우고 있고, 자신만큼 아픈 사람들과 연대하며, 그 속에서 새로운 사회적 공동체의 맹아가 싹트고 있다는 것을. 더 많은 비정규직 노동자들이 자기 목소리를 내고, 지금처럼 살기를 거부하기 시작하면 세상은 더 낫게 바뀔 것이다.

▶ '투쟁'이 세상을 바꾼다

▶ '양보'가 아니라 '연대'가 답이다

▶ 정규직이 되기보다 비정규직 체제를 바꾸어야

▶ 변화는 시작되었다

'투쟁'이 세상을 바꾼다

한 노동자가 한국방송공사KBS에서 10년 넘게 운전 업무를 했다. 처음엔 정규직이던 운전직 노동자들은 용역으로 전환했다. 1998년 〈파견법〉이 시행된 뒤에는 파견직으로 바뀌었다. 그리고 2년이 되기 직전에 해고되었다. 재능교육에서 7년 넘게 일한 노동자가 있다. 어느 날 회사가 노조를 탈퇴하라고 강요했다. 이를 거부하자 해고했다. 두 해고가 부당 해고로 인정받을 수 있을까? 불행하게도 답은 모두 '아니오'이다. 용역으로 일하던 노동자가 계약 해지가 되는 것, 특수 고용 노동자가 계약 해지되는 것은 부당 해고로 인정되지 않는다. 아무리 억울하고 속상해도 법은 이들을 '보호'하지 않는다. 이들을 보호하는 것은 법이 아니라, 노동자들의 끈질긴 싸움이다.

노동자들에게 유리한 판결이 내려질 때도 있다. 앞서 살폈듯이 현대자동차에서 사내 하청으로 일하던 최병승 씨를 정규직으로 전환하라는 판결이 있었다. 그렇게 되기까지 8년이 걸렸다. 고등법원 판결에서는 노동자가 패소했는데 대법원에서 뒤집어진 것이다. 고등법원에 파기환송이 되었고, 결국 정규직 전환 판결이 나왔다. 하지만 끝이 아니었다. 현대자동차는 대법원에 다시 상고했고, 그렇게 세월이 흘렀다. 설령 승소 판결이 나더라도 그 긴 시간을 버텨 낼 노동자들은 매우 드물다. 게다가 노동자들에게 유리한 판결이 언제 집행될지 기약도 없다. 그사이 노동자들은 생활고를 겪으며 지쳐 간다. 노동자들에게 법이란 이렇다.

비정규 '보호'법은 어떻게 만들어졌고 어디로 가는가

김대중 정부 이후로 모든 정부는 비정규직을 보호하겠다면서 여러 가지 법을 제정해 왔다. 그런데 비정규직 보호법은 '보호'라는 말이 무색하게 비정규직을 늘리기만 했다. ILO는 기구 설립 취지를 밝힌 1944년 필라델피아 선언에서 "노동력은 상품이 아니"라고 천명한다. 노동력을 사고파는 행위는 노예노동을 만들고 노동권을 박탈하기에 파견을 엄격하게 금지한 것이다. 한국의 노동법은 1953년 〈근로기준법〉을 처음 만들 때부터 중간착취 금지를 원칙으로 내세웠고, 1961년 제정된 〈직업안정법〉에서도 고용 관계에 제3자가 개입하는 것을 금지해 '근로자 공급 사업'을 엄격하게 규제해 왔다.

그런데 정부는 〈직업안정법〉에 예외를 만들어서 파견을 허용하려고 애써 왔다. 김영삼 정부는 1993년 최초로 '파견법'을 입법화하려 했다. 하지만 반대에 부딪쳐서 뜻을 이루지 못했고, 1996년 말 정리 해고 제도와 근로자 파견 법안을 날치기로 통과시켰다. 이 또한 노동계의 강력한 반대에 부딪쳐서 시행되지는 못했다. 그렇지만 경제 위기의 여파가 몰아닥치고 구조 조정이 시작되면서 노동자들도 더는 버티지 못했다. 결국 김대중 정부가 들어선 1998년, 정리 해고 제도와 〈파견법〉이 시행되었다.

〈파견법〉의 입법 취지에 따르면 2년이 지난 비정규직 노동자는 정규직으로 간주하도록 되어 있으니 파견 노동자를 '보호'할 수 있다. 그러나 1998년에 도입되어 2000년 7월 1일부로 2년이 된 〈파견법〉으로 말미암아 많은 파견 노동자들이 해고되었다. 2년째가 된 노동자들을 정규직으로 전환하지 않기 위해, 기업들이 2년이 되기 며칠 전에 노동자들을 해고한 것이다. KBS 운전직 노동자들이 대표적이었다. 10여 년 넘게 일해 온 노동자들이 정규직화를 피하려는 회사에 의해 하루아침에 해고되었다. 해고 노동자들이 끈질기게 이에 맞선 결과, 결국 KBS의 손자회사(자회사의 자회사)인 ㈜방송차량서비스에서 다시 일할 수 있었다.

애초 〈파견법〉은 26개 업종에 한해 제한적으로 도입되었다. 그렇지만 "노동자를 직접 고용해야 한다."는 원칙을 무너뜨린 법이었다. 그 전까지는 노동자를 고용해 일을 시키려면 직접 고용하는 것이 당연했는데, 기업들이 노동자를 직접 고용하지 않고 다른 용역 업체에서 파견받아 노동자를 사용할 수 있는 예외의 근거가 〈파견법〉이었던 것이다. 그리고 예외는 언제든 보편화될 수 있다. 기업들은 점차 간접 고용을 늘려 갔다. 파견이 허용되지 않는 업종에 파견 노동자들을 사용해 불법 파견 논란도 있었다. 하지만 기업 입장에서는 불법 파견 판결이 나오더라도, 〈파견법〉에 따라 2년이 지난 노동자만 정규직으로 전환하면 그만이므로 거리낌 없이 불법 파견을 저질렀다. 결국 파견, 용역, 도급, 사내 하청, 자회사, 분사, 아웃소싱 등 수많은 이름을 가진 간접 고용이 생겨났다. 〈파견법〉은 간접 고용을 늘리는 신호탄이었다. 불법 파견에 따른 부작용이 커지자 정부는 2012년 8월부터 "불법 파견 시에 원청이 해당 하청 노동자를 고용할 의무가 즉시 발생"하도록 법을 고쳤다. 그럼에도 여전히 기업들은 불법적으로 파견 노동자를 활용했다.

〈기간제법〉은 노무현 정부 때 만들어졌다. 입법할 당시에는 "2년이 지난 기간제 노동자를 정규직으로 전환하게 하는 법"이라고 했다. 〈파견법〉을 만들 때와 똑같았다. 〈파견법〉이 파견 노동자들을 2년이 되기 전에 해고하도록 만들었듯이, 〈기간제법〉에 따라 기간제 노동자들이 대규모로 해고되기 시작했다. 대표적으로 뉴코아와 이랜드가 기간제 노동자들을 용역으로 전환하고자 했다. 노동자들은 매장을 점거하는 등 강력하게 저항했고, 그 싸움이 소개되면서 〈기간제법〉 문제의 심각성이 알려졌다. 하지만 동시에 〈파견법〉이 개악되었다. 파견 허용 업종 26개가 32개로 늘어났다. 그리고 2년이 지나면 정규직으로 자동 간주되던 것이 '정규직으로 전환하도록' 한다는 의무 조항으로 바뀌었다. 차별 시정 제도가 이때 도입되었지만 신청자도 거의 없었고 신청하더라도 효과가 없었다.

이명박 정부는 세 가지 법의 개정 및 제정을 시도했다. 우선 〈직업안정법〉을 개정해 일자리를 알선하는 민간 업체를 키우고자 했다. 정부가 담당해야 할 공공 영역임에도 정부 기능을 축소하고 민간에 이관하려 한 것이다. 〈직업안정법〉 개정안대로라면 비정규직이 증가하는 동시에, 직업 알선 과정에서 더 많은 중간착취가 발생할 우려가 컸다. 둘째, '시간제법'을 새로이 입안해 시간제 노동자를 자유롭게 사용할 수 있게 하려 했다. 셋째, 사내 하청을 보호한다는 명분으로 '사내하도급법'을 제정해 사실상 불법 파견인 간접 고용을 합법화하려 했다. 세 가지 시도 모두 노동자들이 강력하게 반대해 처리되지는 않았다.

박근혜 정부는 비정규직을 전면 확대하려 하고 있다. 2014년 12월 '비정규직 종합대책'을 발표했고, 2015년 들어 비정규직에 대한 각종 가이드라인을 만들고 입법화를 시도했다. 게다가 일반 해고의 요건을 완화하고, 임금 피크제와 직무 성과급제를 도입하고, 비정규직 사용 기간을 4년으로 연장하며, 파견 업종을 확대하는 것을 주요 내용으로 하는 '노동 개혁'을 추진하고 있다. 그중에서 파견 허용 업종을 늘리려는 시도가 눈에 띈다. 현재 파견 허용 업종은 32개인데, 55세가 넘는 이들의 경우에 업종 제한 없이 자유롭게 파견을 허용하자는 것이다. 이주 노동자를 많이 사용하는 업종이나 사무 전문직에도 파견을 허용하겠다고 한다. 이에 더해 '사내 하도급 가이드라인'을 만듦으로써, 아직 파견이 허용되지 않는 업종의 파견마저

합법화하겠다고 한다. 제조업 부문의 사내 하청은, 현대자동차 최병승 씨에 대한 대법원 판결에서 확인할 수 있듯이, 대부분 불법 파견이기 때문에 원청회사가 노동자를 직접 고용해야 한다. 그런데 '사내 하도급'을 정당화하는 가이드라인을 도입하고 법을 도입해 직접 고용을 회피하도록 하겠다는 것이다. 기간제의 경우에도 35세 이상인 이들에게는 '2년 이상 정규직 전환' 조항을 '4년 이상 정규직 전환'으로 바꿔 정규직 전환을 사실상 어렵게 하고 있다. 그동안 노동자들의 반대에 부딪쳐 이루지 못했던 비정규 법안을 통과시키려 하는 것이다. 반면에 비정규직 노동자들이 줄기차게 요구하고 있는 노동권 보호 사항, 즉 원청의 사용자 책임을 인정하고, (개인 사업자로 간주되는) 특수 고용직을 노동자로 인정하는 내용 등은 다루지 않고 있다.

이처럼 '보호'의 명분을 내세우며 도입되는 법안은, 현실 속에서 비정규직의 고용을 불안정하게 하는 데 활용되며 개악을 거듭했다. 그리고 결국 모든 업종에서 비정규직을 다양하고 자유롭게 사용할 수 있게 하는 데까지 나아가고 있다. 비정규직을 제한적으로 사용하는 요건이 하나둘씩 풀려 가고 있는 것이다.

비정규법은 노동자들이 고용 불안을 숙명으로 여기게 한다

〈기간제법〉이나 〈파견법〉이 만들어졌다고 해서 비정규직이 폭발적으로 늘어나는 것은 아니다. 하지만 비정규직 활용을 인정하는 방향으로 제도가 바뀌면 기업들이 비정규직을 정당하게 사용할 수 있게 된다. 그 결과 기업은 정규직 채용을 꺼리고 비정규직을 선호하게 된다. 이전에 정규직이었던 노동자들이 구조 조정을 통해 비정규직이 되는 한편, 신규 채용되는 젊은 노동자들은 이제 비정규직이 아니면 취업하기가 어려워진다. 여성을 중심으로 새롭게 만들어지는 서비스 업종에서도 비정규직 고용이 일반화된다. 고령자 대상의 비정규직 채용도 마찬가지이다. 세대별·성별로 차이는 있지만, 비정규직법에 따른 효과에서 자유로울 수는 없다.

정부는 청년 노동자의 일자리를 마련하려면 비정규직을 늘리고 정규직 해고를 자유롭게 만들어야 한다고 말한다. 하지만 비정규직을 손쉽게 사용할 수 있는 상황을 맞이한 이상, 기업으로서는 정규직을 채용할 이유가 없다. 결국 청년들은 현재의 안정적인 일자리뿐만 아니라 미래의 안정적인 일자리도 잃게 된다.

비정규법의 가장 무서운 효과는 노동자들이 고용 불안을 숙명으로 받아들이게 한다는 점이다. 처음 〈기간제법〉이 통과되었을 때 해고된 노동자들은 모두 억울하다고 했다. 차별을 감수해 가며 청춘을 바쳐 일했는데 단지 정규직 전환을 피할 목적에서 회사가 자신을 해고했다고 생각하니 지난 세월이 분하고 원망스러웠던 것이다. 그래서 〈기간제법〉의 문제점을 알리면서 투쟁하기도 했다.

하지만 그렇게 몇 년을 거치면서, 오래 일했던 노동자들은 대부분 해고되고 신규 채용자가 그 자리를 채운다. 새로 들어온 계약직·

파견직 노동자들은 '2년 계약' 인생을 당연하게 받아들인다. 어차피 2년만 일한다는 것을 알고 들어온 터라, 남아서 계속 일할 수 있기를 바라면서도 계약 기간이 만료될 무렵에는 구인 정보지를 뒤적거린다. 체념한 채 새로 갈 만한 회사가 있는지 알아본다. 이것이 비정규법의 효과이다. 내가 떠나더라도 누군가가 와서 일해야 하는 상시 업무를 하고 있음에도 1년 혹은 2년짜리 계약을 했다는 이유로 쫓겨나는 것을 당연하게 생각한다.

한국 최대의 국가 산업 단지인 반월·시화공단에서는 이제 정규직 채용이 거의 이루어지지 않는다. 노동자들은 구인·구직 정보지나 직업소개소를 통해 취업한다. 그런데 정보지에 소개되는 곳은 대부분 파견 회사이다. 직업소개소도 마찬가지이다. 노동자들은 파견 회사에서 보내는 일자리에 가서 일하고, 때가 되면 다시 나와 파견 회사를 통해 일자리를 구한다. 이제 평생직장 개념은 없다. 불안정하게 이동하면서 살아가는 사람들은 삶이 불안하고 임금은 낮고 미래는 불투명하다. 그럼에도 누구에게 이 문제를 하소연해야 하고, 누구에게 문제 해결을 요구해야 할지 알기 어렵다. 나를 이 회사 저 회사에 보내는 파견 업체에 문제를 제기하기도 어렵고, 원청회사에 찾아가 노동조건을 개선해 달라고 하기도 어렵다. 구조적인 불안정 속에서 문제 해결 방법을 알 길이 없다. 사용자를 불분명하게 하고, 아무도 사용자로서 노동자의 삶을 책임지지 않으며, 결국 노동자들이 문제 해결을 요구할 수 없게 하는 것이 바로 파견 제도의 효과이다.

차별을 시정하겠다고 만든 제도는 오히려 '같은 일을 하지 않는다면 차별해도 된다.'는 논리를 발전시켰다. 차별 시정 제도는 '불합리한' 차별을 처벌 대상으로 삼기에 '합리적'이라고 인정받는 차별을 허용하는 효과를 갖는다. 그래서 기업들은 비정규직과 정규직의 업무를 분리하면서 비정규직 업무는 원래 불필요하고 중요하지 않은 업무인 것처럼 만들어 비정규직에 대한 차별을 합리화했다. 기업이 낮은 직무라고 말하는 곳에서 일하고, 정규직과 분리되어 일하는 비정규직들은 자신을 탓할 뿐 이제 억울해하지도 않는다.

비정규직법은 현실을 받아들이게 하는 효과를 낳는다. 누가 봐도 문제가 있었던 비정규직 구조가 '법적으로 정당화'될 때 모든 책임은 개인을 향한다. 기업은 이 법의 보호 아래 비정규직을 자유롭게 쓰고, 보호에서 배제된 노동자들은 불안함과 차별을 감내하며 일한다. 그렇다고 해서 노동자들에게 불만이 없는 것은 아니다. 미래에 대한 불안, 자신의 노동이 존중받지 못하는 데 대한 불만이 마음속에 쌓인다. 대상을 찾지 못한 불만과 분노는 현장에서 마주하는 정규직이나 불특정 다수에게 폭력적으로 표출되기도 한다. 문제적 현실이 법에 의해서는 문제가 없다고 인정받을 때, 노동자들의 불만과 분노가 원래 향해야 할 대상은 사라진다.

비정규직을 보호하지 못하는 비정규직법의 실상을 알린 사람들

비정규직법이 사람들로 하여금 비정규직을 숙명으로 받아들이게 하는 효과가 있지만, 여전히 많은 사람들이 이를 거부하고 있다. 이들은 비정규직을 법적으로 인정해 버리는 제도, 그리고 회사에서 벌어지는 차별 등에 문제를 제기하며, 안정된 고용을 보장할 것과 함부로 해고하지 말 것을 주장한다. 많은 노동자들이 이렇게 행동할 수 있는 데는, 비정규직 제도에 순응하지 않고 그 잘못을 외쳐 온 이들이 있었기 때문이다. 정부와 기업이 비정규직을 모든 영역에서 완전히 자유롭게 쓰고자 해도 그러지 못하는 것은 비정규직법의 제정 및 개악을 막았던 비정규직 노동자들이 있었기 때문이다.

2004년 정부가 〈기간제법〉 제정을 시도하고 〈파견법〉 개정안을 내놓자 전국에 있던 비정규직 노동조합의 대표들이 모여 당시 여당이었던 열린우리당 당사를 점거하고 농성을 시작했다. 정부는 이 법안을 '비정규직 보호법'이라고 부르면서 비정규직의 차별과 고용 불안을 해소하기 위해 만든 법이라고 주장했기 때문에, 그때만 해도 이 법안이 비정규직을 보호한다고 믿은 이들이 적지 않았다. 하지만 비정규직 노동자들이 이 법안이 비정규직을 양산하고 차별을 확대할 것이라며 농성을 시작했고, 그제서야 많은 이들이 이 법안을 자세하게 들여다보며 실상을 이해하게 되었다. 그 뒤 민주노총도 이 법안을 악법으로 규정하고 파업에 나섰고, 1백여 개가 넘는 시민사회단체들이 이 법안을 막기 위해 공동대책위원회를 구성했다.

2006년 결국 법안이 통과되었지만, 더 심하게 개악되지 않았던 데는 2004년 당시 농성을 통해 법안의 본질을 분명하게 알린 비정규 노조 대표자들의 노력이 있었다.

그리고 특수 고용 노동자들이 만든 노동조합들이 모여 구성한 '특수 고용 대책회의'는 "우리는 노동자다. 근로기준법을 적용하라."라고 외쳤다. 정부는 여전히 이들의 노동자성을 인정하지 않았고, 〈근로기준법〉도 적용하지 않았으며, 노동조합조차 인정하지 않았다. 그럼에도 학습지 교사, 건설 노동자, 화물 노동자, 퀵서비스 기사, 보험 모집인, 간병인 등은 저마다 노동조합을 만들고 투쟁함으로써 특수 고용 노동자들의 권리를 주장했다. 이들은 노동자의 권리가 법에 규정되었다고 해서 당연히 주어지는 것이 아니라, 노동자들이 스스로 권리를 주장하고 싸워야만 지킬 수 있다는 것을 알았다. 이들의 싸움이 이어진 결과, 정부도 특수 고용 노동자들에게 산재보험을 적용하는 논의를 시작했고, 일부 직종에 대해서는 노동조합을 인정했다. 여전히 특수 고용 노동자들의 권리가 충분히 보장되지는 않고 있지만, 분명히 변화는 있었던 것이다.

간접 고용직도 마찬가지이다. 충남 서산에 있는 동희오토의 노동자들은 기아자동차 모닝을 만든다. 그러나 이들은 기아자동차 소속이 아니다. 동희오토는 1백 퍼센트 하청 노동자들이 일하고 있다. 2010년 동희오토에서 해고된 노동자들이 진짜 사용자인 기아자동차가 책임지라며 기아·현대자동차 본사 앞에서 비닐 천막을 치고 농성을 시작했다. 한편 현대자동차 사내 하청 노동자들은 "우리의

사장은 현대자동차"라면서 불법 파견된 사내 하청 노동자들을 정규
직으로 전환하라고 요구했다. 2013년 인천공항에서는 용역으로 일
해 온 노동자들이 "진짜 사장인 인천공항이 교섭에 나오라."고 요구
하며 파업을 하기도 했다. 여러 대학의 청소 노동자들도 대학 당국
에 교섭을 요구하며 파업했다. 이렇게 간접 고용 노동자들이 모여
'진짜 사장'이 책임지라며 목소리를 높이자, 정부도 나서서 공공 부
문 용역 노동자들의 고용을 승계하도록 원청이 관리하게 하라는 지
침을 내리기도 했다. 현실을 변화시키고 정부와 기업이 비정규직
문제에 어떻게든 대답하게 만드는 것은 비정규직 '보호'법이 아니
라, 비정규직 노동자들의 권리 주장이고 투쟁이었다.

물론 권리는 법으로 보장되어야 한다. 비정규직을 자유롭게 사용
하는 근거로 악용되는 비정규법을 없애고, 기간제를 사용할 수 있
는 사유는 〈근로기준법〉에 '예외적으로' 명시되어야 한다. 〈파견법〉
을 없애고 〈직업안정법〉과 〈근로기준법〉을 고쳐 함부로 간접 고용
을 사용하지 못하게 해야 한다. 그러나 이와 같은 권리를 요구하는
노동자들이 많아져서 사회적으로 반향을 일으킬 만큼 위력을 보이
지 않는 한 비정규직의 권리를 보장하는 법은 저절로 만들어지지
않는다. 거의 모든 국회의원이 '비정규직 문제'를 이야기하지만 비
정규직 법은 점점 더 개악되었다. 그리고 비정규직 노동자들의 노
동조건도 더욱 나빠졌다. 노동자들이 힘이 부족했기 때문이다.

프랑스에도 우리와 비슷한 법이 있었다. '최초 고용 입법'이라는
제도인데, 이를 통해 신규 채용되는 노동자들을 자유롭게 계약직으

로 쓸 수 있게 되었다. 이 법안은 프랑스 국회를 통과해 시행되기까지 했지만, 프랑스에서는 젊은이들이 들고 일어났다. 취업을 앞둔 젊은이들을 비정규직으로 만드는 법을 인정할 수 없다면서 연일 대규모 시위를 벌였다. 결국 이 법은 폐기되었다. 이처럼 아직 힘이 부족할지라도 비정규직 노동자들이 뭉치고 목소리를 낸다면 이미 만들어진 법을 되돌리는 것이 불가능하지만은 않다.

법을 뛰어넘어 노동권을 확장하자

법에 규정된 범위 안에서 답을 찾으려는 경향이 있다. 그리고 그 법을 뛰어넘기를 두려워한다. 기업과 정부는 '불법'이라는 딱지를 붙여서 비정규직 노동자들의 권리를 가둔다. 하지만 비정규직 노동자들의 권리를 보장하지 않는 '악법'을 어기는 것이 잘못일까? '합법성'과 올바름은 동일하지 않다. 법은 불변의 정의가 아니라, 현재 노동자들의 힘이 어느 정도인지를 보여 주는 척도이다. 정의는 부당한 현실을 변화시키려는 마음속에, 권리 찾기에 함께하는 이들의 마음속에 있다. 악법은 어겨서 깨뜨릴 수 있다.

노동자의 권리는 법으로 제한될 수 없는 상상력 속에서 발전한다. 가령 모두가 부당 해고를 문제라고 여긴다. 열심히 일했는데 입바른 소리를 해서 해고당했다면 잘못된 처사라고 생각한다. 그런데 법원에서 이 해고를 합법적이라고 판단하면 노동자들은 억울함을 하소연할 곳이 없어진다. 기업들은 그 판결을 근거로 정당한 해고였다고 주장하고 나선다. 하지만 그렇다고 해서 그 해고가 정당해지는 것은 아니다. 비정규직 '보호'법이라고 부르는 현행 법 체계에서는 정규직으로 전환시키기 않으려고 실시한 해고조차 정당하다고 판단한다. 그러나 비정규직 노동자들은 이 해고가 결코 정당하지 않다고 생각한다.

2005년 2월 코오롱은 회사가 어렵다면서 78명의 직원을 정리 해고 했다. 대법원에서도 이를 정당하다고 판결했다. 하지만 아웃도어 시장의 선두 주자인 대기업이 해고가 아닌 다른 방법을 선택할 여지는 없었을까? 정리 해고는 노동자에게 잘못이 없어도 회사가 일방적으로 대량 해고를 할 수 있는 제도이다. 그래서 노조를 탄압하거나 해외로 공장을 빼돌릴 때도 활용된다. 그럼에도 대법원에서 정당한 해고라고 판결한 이상, 이 해고는 법적으로 부당한 해고가 아닌 것이 된다. 그러나 우리는 이 해고가 부당하다고 생각한다. 기업은 엄청난 매출을 올리는데 아무 잘못이 없는 노동자들이 정리 해고가 되었고, 10년 넘게 일터로 돌아가지 못했기 때문이다.

계약 해지도 마찬가지이다. 상시적인 일자리에서 일하는 노동자를 계약이 종료되었다는 이유만으로 내쫓는 행위 자체를 문제 삼아야 한다. 상시적인 일자리에서 일하는 노동자는 반드시 정규직으로 고용해야 하고, 노동자를 함부로 해고하면 안 된다는 '상식'이 지금은 너무 쉽게 무너진다. 노동자라면 누구나 아는 상식이 비정규직법들을 통과하면서 아무것도 아닌 게 된다. 그래서 비정규직 노동자들은 법이 아니라 '상식'의 힘을 믿고 싸워 왔다. '불법'이라는 이유로 많은 이들이 감옥에 갇히고 해고되고 벌금을 물고 손해배상을 당했지만, 그럼에도 비정규직을 차별하거나 함부로 해고하면 안 된다는 상식을 믿은 것이다.

모든 노동자들은 안정되게 일할 권리를 갖는다. 이는 투쟁하는 비정규직 노동자들이 지켜 온 상식이다. 우리가 믿는 상식은 또 있다. 노동자를 사용하는 자는 사용자 책임을 져야 한다. 현대자동차 사내 하청을 통해 이익을 얻는 현대자동차가 노동자들의 노동조건에 대해 책임져야 하고, 삼성전자서비스 기사들의 노동조건에 대해 삼성전자와 삼성전자서비스가 책임져야 한다. 재능교육 교사들을 통해 이익을 얻는 재능교육은 사용자 책임을 피하지 않아야 한다. 우리는 이 같은 상식을 기반으로 법과 제도를 변화시키려 한다.

또 있다. 일하는 이들이라면 생활할 수 있는 임금을 받아야 한다. 그가 청소 일을 하고 있어서, 비정규직이어서 낮은 임금을 받을 이유는 없다. 필요하지 않은 일에 노동자를 고용하는 회사는 없다. 노동자를 고용해 필요한 일을 시켜 이윤을 얻었다면, 노동자가 생활할 임금을 주어야 한다. 일하지 못하게 된 노동자의 생계 및 재취업은 국가가 책임져야 한다. 노동자들이 일하지 못하는 것은, 일자리를 점점 불안정하게 만들고 기업들이 비정규직을 사용하도록 장려한 국가 때문이며, 실제로 노동자들을 해고하고 열악한 노동조건을 개선하지 않은 기업 때문이다. 노동자에게는 노동조건이 함부로 악화되지 않게 하고, 더 나은 노동조건을 누려 삶을 안정적으로 영위

할 수 있도록 단결하고 교섭할 권리가 있다. 어떤 이름으로 불리는
노동자인지는 상관없다.

'양보'가 아니라 '연대'가 답이다

비정규직 노동자들의 저임금과 고용 불안, 차별이 심각하다 보니 이들에 비해 처우가 나은 정규직을 원망하는 목소리가 높다. 기업과 정부는 정규직 노동자들이 양보하지 않고 제 잇속을 차린 탓에 비정규직의 노동조건을 개선하기 어렵다고 말한다. 여기에는 "노동자에게 제공할 총량은 정해져 있다."는 전제가 숨어 있다. 기업이 전체 노동자에게 제공하는 것 중에서 더 많은 부분을 정규직이 가져가고 있으니, 이들이 가진 것을 내놓게 해야 비정규직의 권리를 찾을 수 있다는 식이다.

이때 정규직은 누구일까? 현대자동차 정규직 노동자들의 기본급은 그다지 높지 않다. 잔업과 특근을 많이 해서 수령하는 임금이 많을 뿐이다. 노동자들을 채용하는 대신에 기존 인원에게 잔업과 특근을 많이 부과하면 노동자들은 임금을 좀 더 많이 받겠지만, 기업 입장에서 노동자들의 시간당 노동비용은 오히려 줄어든다. 한 노동자에게 들어갈 각종 수당과 복지비용, 교육·훈련 비용을 줄일 수 있기 때문이다. 즉 잔업과 특근이 많을수록 개별 정규직 노동자의 임금은 높아지지만, 기업이 가져가는 이윤은 더욱더 커진다. 현대자동차가 정규직 노동조합이 무서워 정규직 임금을 높이거나, 이 때문에 비정규직 임금을 낮게 책정하는 것이 아니다. 지금의 구조가 노동비용을 최대한 줄이는 데 유리하기 때문이다. 공공 부문은 임금 총액이 고정되어 있으니, 정규직의 고임금이 비정규직 노동자의 낮은 임금과 관련되어 있다는 말이 맞을지 모른다. 하지만 임금 총액을 고정시켜 필요한 인력을 충원하지 못하게 하는 정원 관리 제도가 더 큰 문제인 것은 아닐까?

박근혜 정부는 2016년부터 법적 정년이 연장되는 것에 대비해 임금 피크제를 도입해야 한다고 했다. 정규직 고임금 노동자의 임금을 줄인 만큼 신규 채용을 하겠다는 것이다. 그런데 여기에서도 임금 총액은 고정되어 있다는 전제는 변함이 없다. 청년 실업 문제의 심각성을 인정하고, 비정규직 노동자들의 권리를 보장하려 한다면 그만큼 정부가 더 많은 재정을 투여해야 한다. 그런데 기업과 정부는 비용을 부담하지 않은 채로, 노동자들끼리 임금을 나누라고 하는 셈이다. 법인세는 인하하고, 30대 재벌 대기업의 사내 유보금 710조 원가량은 손대지 않고서 제시한 대책의 본질은 일자리 문제의 모든 책임을 노동자들에게 전가하는 것에 불과하다.

물론 정규직 노동자들의 무관심도 비정규직의 증가와 무관하지 않다. 자신의 일자리를 지키는 데 급급해, 이른바 '비핵심 업무'가 외주화되는 것을 수용하고, 노동자들을 해고한 뒤 그 자리에 비정규직이 들어와도 침묵하고, 정규직 신규 채용을 하지 않고 비정규직으로만 청년들을 고용해도 무심한 정규직 노동자들의 태도가 비정규직을 급격하게 늘리는 데 어느 정도 기여했을 것이다. 하지만 사람들의 머릿속에 있는 '정규직', 즉 많은 임금을 받아 흥청망청 쓰고, 제대로 일하지 않는 '노동귀족'은 현실에 존재하지 않는다.

정규직 양보론의 허구성

정규직이 임금을 양보해 이를 비정규직 노동자의 정규직화나 차별 해소에 쓰자는 주장도 있다. 그러려면 두 가지가 전제되어야 한다. 첫째, 비정규직 문제를 해결하지 못하는 것이 기업에 여력이 없기 때문이어야 한다. 둘째, 정규직이 임금을 낮출 경우 그렇게 절감된 비용은 곧바로 비정규직 노동자들의 임금을 높이고 정규직 전환에 드는 비용으로 사용되어야 한다. 두 전제가 성립하지 않으면 아무리 정규직의 임금을 양보해도 비정규직 노동자의 처우가 개선되지 않는다.

그러나 두 전제 모두 현실과는 다르다. 기업이 줄여야 할 낭비 요소는 많다. 로비 자금을 줄일 수도 있고, 부동산을 매각해 비용을 마련할 수도 있다. 그러나 기업들은 비정규직 채용을 늘려 노동자들의 임금을 줄이는 방법을 택한다. 비정규직을 사용하는 것은 비용을 절감하기 위해서이지만, 이는 기업에 정규직을 채용할 여유가 없어서가 아니다. 비용을 줄이는 '가장 손쉬운 방법'이기 때문이다. 노동조합이 강하고 정규직이 쉽게 양보하지 않는 회사일수록 비정규직이 더 적고 임금격차도 적은 것은 그래서다.

정규직이 양보하면 기업들이 신규 채용을 하거나 비정규직의 처우를 개선할까? 이미 2008년부터 정규직 노동자들의 임금은 동결되거나 인상률이 5퍼센트 미만으로 제한되고 있다. 최근 6년간 실질임금은 정체 상태였다. 정규직 임금이 오르지 않는 만큼 비정규직의 임금도 오르지 않고 있다. 그렇게 해서 늘어난 기업 이익은 주주에게 배당된다. 기업 총수들의 주식 배당금은 몇 천억 원에 이르는데, 비정규직 노동자는 물론 정규직 노동자도 살기 힘들어진다. 게다가 기업들은 여유 비용이 생겨도 투자하지 않고 쌓아 둘 뿐이다. 대기업들의 사내 유보금(2013년 기준)은 삼성전자가 137조8천억 원, 현대자동차가 48조 원, 포스코가 41조5천억 원, 현대모비스가 18조5천억 원에 이른다. 대기업 사내 유보금 액수가 천문학적인 수준에 이르자 이 돈에 세금을 물리자는 논의가 나올 지경이다.

결국 정규직의 양보가 비정규직의 혜택으로 돌아온다는 보장이 없다. 정규직의 양보가 비정규직의 혜택으로 돌아오려면 기업의 시혜에 의존해야 한다. 그러나 정규직 노동자들이 선의로 양보한 임금을, 노동비용을 줄이는 데만 골몰하는 기업이 비정규직의 처우를 개선하는 데 쓰리라고 기대하기는 어렵다.

그렇다면 정규직 노동자들이 사회적으로 더 많은 책임을 지는 방안은 어떨까? 가령 비정규직 노동자들은 사회보험료를 적게 내고, 상대적으로 고임금을 받는 정규직 노동자들이 더 많이 내는 식이다. 소득이 높은 사람이 보험료를 좀 더 많이 내는 것은 정당하고 필요한 일이다. 이렇게 사회보험의 재정을 늘려 사각지대를 없앰으로써 비정규직 노동자들에게 더 많은 혜택이 돌아가게 할 수도 있다. 여기서 문제는 재원 마련의 형평성이다. 비정규직을 사용해 더 많은 이익을 얻은 기업들이 재원을 부담하지 않고, 정부도 공적인 재정지출을 늘리지 않은 채 정규직 노동자들에게만 재원의 부담을 지우면 사회보험의 사각지대를 해소하는 데 충분할 수 없다. 사회보험을 운영하는 과정에 노동자들이 직접 참여하고 그들의 요구가 반영되지 않는 한, 노동자들이 사회보험료를 더 부담하겠다는 논의를 할 여지는 거의 없다.

금속노조 노동연구원에 따르면, 근로복지공단이 산재보험료로 지급하지 않고 쌓아 두고 있는 돈이 5년간 5조 원에 이른다. 비정규직 노동자들이 제대로 산재를 인정받지 못하거나 산재 보상금을 받지 못하는 것은 근로복지공단의 기금이 부족하기 때문이 아니다. 더 위험한 일을 비정규직에게 떠넘기면서도 산재의 책임을 지지 않고 있는 원청 기업의 문제 때문이다. 다시 말해, 비정규직 노동자들이 사회보험의 혜택을 제대로 못 받는 것은 정규직이 양보하지 않아서가 아니며, 이 같은 구조는 노동자들이 일방적으로 양보해 재정을 늘린다고 해서 쉽게 바뀔 것도 아니다. 오히려 정부는 기업에 세금 감면 혜택을 주는 동시에 복지 재원 마련에 기여할 의무마저 축소하고 있다. 사회보험에 대한 노동자들의 책임은 높아진 반면, 기업이나 정부의 책임은 감소한 것이다. 그러니 정규직 노동자들이 "우리도 돈을 더 낼 테니 기업과 정부도 더 내라."고 요구하기에 앞서 정부와 기업의 책임을 물어 사회보험에 대한 기여도를 높여야 하고, 노동자들이 직접 사회보험의 운영에 참여할 수 있는 제도가 마련되어야 한다. 그렇지 않고서는 정규직의 양보가 비정규직 노동자들의 권리 신장으로 이어질 수는 없다.

우리나라는 극히 일부를 제외하고는 정규직이더라도 고용이 불안정하다. 정리 해고 제도 때문이다. 기업들은 이 제도를 다양하게 이용했다. 콜트·콜텍은 공장을 해외로 이전하려고 노동자들을 정리 해고했다. 홍국생명은 미래에 올 경영 위기에 대비해 정리 해고를 한다고 밝혔다. 쌍용자동차의 정리 해고는 고등법원에서 그 부당성이 밝혀졌다. 회계를 조작해 부풀린 경영 위기를 근거로 실시한 정리 해고는 무효라는 것이다. 그러나 대법원에서는 다시 정리 해고가 정당하다고 판단했다. 기업의 경영적 판단을 존중해야 한다는 것이었다. 박근혜 정부는 한발 더 나아가 '통상 해고 가이드라인'을 만들어 저성과자라고 판단된 노동자를 전환 배치하거나 재교육하고, 그래도 성과가 안 나오면 해고할 수 있게 하겠다고 발표했다. 기업들이 노동자를 자유롭게 해고할 수 있도록 만드는 것이다.

정규직 노동자들도 고용 불안에서 자유롭지 못한 상황에서, '정규직 고용의 경직성' 때문에 비정규직이 늘어난다거나 정규직의 고

임금 때문에 차별이 늘어난다는 주장을 받아들이기는 어렵다. 노동소득 분배율은 해마다 급격하게 낮아져 이제 58퍼센트까지 떨어졌다. 전체 소득 가운데 노동자에게 돌아가는 소득이 줄고 있다는 의미이다. 기업들은 비정규직 고용의 비율을 높여 더 많은 이윤을 얻고자 한다. 그래서 임금 및 고용조건이 상대적으로 나은 정규직을 공격하는 것이다. 이 과정이 진행된다면 우리 사회에서 안정적인 고용은 사라지고, 모든 노동자가 비정규직이 될지도 모른다.

시혜가 아니라 함께 싸우는 연대

정규직 노동자들의 역할은 여전히 중요하다. 비정규직 채용에 암묵적으로 동의하고, 비정규직 노동자들을 유해·위험 작업으로 내몰고, 비정규직에 대한 차별을 용인하며 이들을 '고용의 안전판'으로 삼으면 당장은 편안해지는 듯해도, 일하는 현장은 점점 나빠진다. 정규직 노동자들도 비정규직 문제에 관심을 갖고 이들에 대한 차별을 해소하고 이들을 정규직화하기 위해 애써야 한다. 이 같은 노력은 '양보'가 아니라 '연대'여야 한다. 이미 자신의 권리를 찾고자 애쓰고 있는 비정규직 노동자들과 함께하는 것은 모든 노동자의 권리를 찾기 위한 행동이다.

연대하려면 돈을 쓰고 시간을 들여야 한다. 지금도 많은 정규직 노동자들이 비정규직과 함께하기 위해 시간과 돈을 아끼지 않는다.

비정규직 투쟁에 연대해 함께 농성을 하거나 기금을 조성해 투쟁을 지원하고 있다. 비정규직 노동자의 조직을 만들어 권리를 찾자고 주장하는 선전전에 함께하고 있다. 정규직 노동조합은 비정규직을 정규직화하기 위해 일방적으로 회사와 협상하는 것이 아니라, 비정규직 노동자들에게 함께하자고 제안하고 설득해서 같이 노조를 만들기도 한다. 비정규직 노동자가 주체가 되어 교섭에 참여해야 정규직화되었을 때 진정한 성과를 누릴 수 있다고 믿기 때문이다. 정규직의 연대는 양보하는 게 아니라 함께 싸우는 데서 현실화되고 있다.

때로는 정규직이 비정규직 문제를 해결하고자 나서는 방식이 일방적이기도 하다. 2010년 12월 현대자동차 사내 하청 노동자들이 공장을 점거하고 싸울 때, 현대자동차 정규직 노동조합 위원장(지부장)은 "분열을 조장해 패배를 만들 것인가, 아름다운 연대를 만들 것인가의 주요한 기로에 놓여 있다."라며 "제가 포클레인에 밟혀 죽더라도 아름다운 연대, 아름다운 투쟁, 아름다운 마무리를 위해 최선을 다해 투쟁하겠다."고 밝혔다. 현대자동차 사내 하청 노동자들의 요구가 정당하다면, 정규직 노동자들을 설득해서 사내 하청 노동자들이 정규직으로 전환될 수 있도록 같이 힘을 모으자고 이야기하는 것이 제대로 된 연대이다. 그런데 현대자동차 정규직 노조는 비정규직의 농성에 연대하러 오는 사람들을 가로막고 '외부 세력'은 오지 말라고 했다. 전기도 들어오지 않는 농성장에서 겨울 추위에 떨고 있는 농성자들에게 가까스로 버틸 정도로 김밥만 올려 보냈다.

정규직 노조가 나서서 해결할 테니 점거 농성을 풀라고 이야기했다. 그러나 비정규직 노동자들이 차가운 농성장에서 25일간 버틴 이유는 스스로 현대자동차와 교섭하며 권리를 찾기 위해서였지, 누군가에게 문제를 해결해 달라고 요청하기 위해서가 아니었다. 연대는 권리를 찾으려는 이들을 대리하는 것이 아니라 함께 싸워 문제를 해결하는 것이다.

정규직뿐만 아니라 때로는 정치권도 비정규직들에게 시혜를 베푸는 태도를 보인다. 새정치민주연합의 을지로위원회가 비정규직 노동자들의 힘든 싸움에 개입해 문제를 해결하는 경우가 많았다. 위원회가 같이한 사업장은 주로 사내 하청, 도급 등 간접 고용 노동자들이었다. 이들의 싸움이 어려움에 처한 것은 현행법상 원청 사업주의 사용자 책임이 인정되지 않기 때문이다. 원청 사업주가 자신은 책임이 없다면서 교섭에 나오지 않으니 싸움이 길어지고 문제해결 또한 어려워진다. 이 상황에서 정당이 할 일은 원청 사업주가 사용자 책임을 지도록 입법 활동을 해서, 노동자들이 직접 원청을 상대로 싸우고 교섭할 권리를 확보하는 것이다. 그런데 을지로위원회는 이런 입법 활동 대신, 원청회사와 간접 고용 노동자들을 중재하는 역할을 한다. 결과적으로 간접 고용 노동자들이 자신의 힘으로 문제를 해결하기는 더욱 어려워진다. 누군가가 나서서 문제를 해결해 줄 것이 아니라, 간접 고용 노동자들이 원청을 상대로 교섭할 권리를 확보하는 것이 중요하다. 시혜가 아니라 권리가 필요하다. 비정규직은 누군가가 도움을 줘야 하는 사람들이 아니다. 임금과 노동조건이 좋지 않고, 법과 제도의 보호를 받지 못하는 상황에서도 노동하며 삶을 꾸려 가는 이들이다. 자신의 힘으로 권리를 찾아야만 변화를 만들 수 있다.

낮은 곳에서 연대를 실현하는 이들

2004년 2월 현대중공업의 사내 하청 노동자인 박일수 씨가 분신을 했다. 그는 유서에 "하청 노동자도 인간이다. 인간답게 살고 싶다."라고 썼다. 그런데 정규직 노동자들은 그의 절규에 귀를 기울이지 않았다. 오히려 장례식에 와서 소란을 피워, 떠난 이의 뜻을 기리려는 하청 업체 노동자들의 마음에 상처를 냈다. 이 일로 현대중공업 정규직 노조는 민주노총에서 제명되었다. 그리고 2014년 2월, 현대중공업 노조 위원장은 고 박일수의 묘지를 찾아가 사죄의 글을 올렸다. 그러고 나서 비정규직에 대한 차별을 없애고 비정규직과 함께하기 위해 노력하겠다고 이야기했고, 사내 하청 노동조합과 함께 비정규직 노동자들의 노동조합 집단 가입 운동을 벌이고 있다. 10년 만의 일이었다. 이제 정규직 노동자들도 비정규직 문제가 남의 일이 아니라는 사실을 깨달아 가고 있다. 함께하지 않으면 모두의 노동조건이 나빠질 수밖에 없다는 것을 인식하고 있다.

고용 불안에 떨고 있는 정규직 노동자들에게, 노동조합이 비정규직 문제에 함께하자고 제안하기는 쉽지 않다. 2005년 한국지엠 창원 공장에서는, 비정규직 차별 철폐와 정규직 전환을 내걸고 활동하던 정규직 집행부가 탄핵당하는 일도 있었다. 외국자본은 언제든지 철수할 수 있기에 비정규직 문제를 내걸고 싸우면 정규직 고용마저 위태로워진다고 여긴 이들이 비정규직 노동자들과 함께하기를 거부한 것이다. 정규직 노동자들이 비정규직 문제에 나서지 못하는 데는, 자신들의 미래가 어찌될지 모른다는 불안함이 놓여 있다. 그러나 비정규직을 고용의 안전판으로 삼아 정규직의 고용 안정을 도모할 수 있는 시대가 아니다. 누군가를 희생시켜 살아남는 것이 인간성을 파괴하는 일이라는 자각 또한 확산되고 있다. 비정규직 문제에 함께 손 내밀고 연대하자는 목소리가 정규직 내부에서도 높아지고 있다.

사회적 연대도 확대되고 있다. 2011년 한진중공업에서 정리 해고가 발생했을 때, 한진중공업의 해고 노동자이기도 한 김진숙 씨가 85호 크레인에 올라가 정리 해고가 잘못되었다고 이야기했다. 그리고 크레인 위에서 트위터를 통해 세상과 소통하던 그에게 사람들이 말을 걸기 시작했다. 본 적도 없는 이들을 향해 당당하고 담담하게 자신의 이야기를 건네자 많은 이가 화답했다. 한진중공업으로 희망버스가 달려갔다. 무려 1만 명이 넘는 사람들이 네 번은 영도의 한진중공업으로, 한 번은 서울로 가는 희망버스를 탔다.

그때 많은 사람들이 "내가 소금꽃"이라고 말했다. 일하다 보면 작업복 뒤에 하얀 무늬가 생긴다. 땀 때문에 생긴 소금 결정이다. "내가 소금꽃"이라는 말은 정리 해고를 당해 길거리에 쫓겨난 이들과 연대하는 마음이었다. 하는 일도 제각각이고 나이도 생각도 다르지만, 적어도 노동자가 함부로 내쫓겨서는 안 된다는 데 동의해서 모였다. 이들은 거창한 행동을 하기 위해서가 아니라, 서로 손을 내밀고 이야기를 건네며 위로를 나누고자 했다. 그렇게 같은 마음을 갖는 것이 '연대'이다.

지금도 비정규직 노동자들이 싸우고 있는 곳에 가면 아름다운 연대가 꽃핀다. 비정규직 노동자들이 긴 시간을 싸우면서 견딜 수 있는 것은 수많은 연대가 있기 때문이다. 10년간 해고 투쟁을 했던 기륭전자의 한 노동자는 "우리는 매일 기적을 체험하고 있다."고 했다. 돈 한 푼 없이 쫓겨나 농성을 시작했을 때는 암담했지만, 예술인들이 농성장에서 함께 작품을 만들거나, 음악회를 열고, 누군가는 직접 농사를 지었다면서 쌀과 부식 재료를 보냈다. 법률인들과 교수들, 학술 단체는 성명서를 내고 토론회를 열었다. 농성장을 찾아와 지지를 표했고 무료 변론을 담당했다. 농성장은 매일 북적였다. 하루 10시간 노동을 할 때는 상상하지 못한, 함께하는 이들의 따뜻함을 느꼈다. 힘든 세월이었지만 동시에 자신을 들여다보고 여러 사람과 함께할 수 있는 행복한 시간이기도 했다. 이처럼 연대를 통해 새로운 사람들을 만나고 함께 살아갈 가능성을 만들 수 있다.

비정규직 노동자나 정리 해고로 쫓겨난 이들은 한번 따뜻한 연대를 경험하고 나면 다른 비정규직 노동자의 문제까지 제 일처럼 여기며 함께 해결하려고 노력한다. 한 종교 단체가 모은 투쟁 기금을 후원받은 쌍용자동차 해고 노동자들은 더 어렵게 싸우는 비정규직 노동자들에게 이를 건넸다. 대학 청소 노동자들은 자기 사업장에서 임금을 올리는 데 그치지 않고, 아직 노동조합이 없는 곳을 찾아다 니며 "노동조합을 만들어 인간답게 살아 보자."고 이야기한다. 새벽 첫차를 타는 사람들 중에는 청소 노동자들이 많다. 조합원들이 새 벽 첫차에서 선전전을 하는 것도 다른 노동자들이 권리를 찾는 데 조금이라도 도움이 되길 바라기 때문이다.

모든 비정규직 노동자들이 싸움에 나서는 것은 아니다. 너무 힘 들고 때로는 방법을 찾을 수 없어 절망스러운 나머지 법이나 정치 권에 기대기도 한다. 스스로 무력하다고 여겨서 지위가 높은 사람 들이 해결해 줄 것을 기대하기도 한다. 앞이 보이지 않을 때는 극단 적인 생각을 하기도 한다. 투쟁이 길어지면 함께하는 이들에 대한 미움도 싹튼다. 하지만 그 속에서도 스스로 주체가 되었다는 것, 자 신이 하고 싶은 이야기를 할 수 있다는 것, 나의 문제가 아니라 구조 적인 문제가 있다는 것 등을 알게 된다. 시야가 넓어질수록 연대의 폭도 넓어진다.

가장 낮은 곳에서 큰 어려움을 겪어 본 노동자들은 안다. 지금의 고난이 나만의 것이 아님을. 그래서 비정규직 노동자들은 진정한 연대가 무엇인지 안다. 자신의 권리를 찾기 위해 노력해 본 사람들 은 안다. 다른 이들의 권리도 그만큼 소중하다는 것을. 그래서 단지 노동자들만의 권리가 아니라, 모든 이의 권리를 지키고자 한다. 자 연을 파괴하는 데 반대하고, 장애인과 여성, 노인의 권리를 무너뜨 리는 정책에 반대한다. 권리를 위해 싸우는 비정규직 노동자들은 성소수자들의 인권을 지키는 데 함께하고, 장애인 부양 의무제 폐지 농성에도 함께하고, 철거에 반대하는 싸움에도 함께했다. 때로는 비정규직들에게 유리한 제도가 도입된다 해도, 그것이 정규직을 공격하고 정규직 노동자들의 권리를 협소하게 만드는 것이라면 앞장서서 반대해 왔다.

이처럼 연대의 마음을 갖고, 모두의 이익을 위해 노력할 수 있는 것은 투쟁하는 비정규 노동자들이 낮은 곳에 있기 때문이다. 그리고 스스로 주체가 되어서 다른 이의 도움을 기대하지 않고 세상을 변화시켜 본 경험이 있기 때문이다. 이런 실천이야말로, 노동자들을 경쟁시키고 공동체의 가치를 파괴하는 힘에 맞서서 세상을 바꾼다. 연대의 가치에 동의하면서, 작지만 큰 힘을 모으는 이들이 많아지고 있다. 연대는 계속 확장된다.

정규직이 되기보다 비정규 체제를 바꾸어야

인사이트코리아는 SK의 하청 업체였다. 2000년 이 업체의 노동자들이 노동조합을 만들자마자 조합을 탈퇴하라고 종용하는 협박이 시작되었고, 결국 네 명을 제외한 모든 조합원이 떠났다. 네 명의 조합원은 곧 해고되었다. 그리고 3년간의 싸움이 이어졌다. 대법원은 이들을 정규직으로 간주해야 한다고 판결했다. 인사이트코리아는 실체가 없는 회사이니 SK가 직접 고용한 것과 다름없다며 '묵시적 근로계약 관계'를 인정했다. 이들이 3년간 울산과 서울을 오가며 싸움을 하지 않았다면 정규직이 되지 못했을 것이다.

정규직이 된 노동자들은 이에 그치지 않았다. 자신과 같은 처지에 있는 비정규직 노동자들을 만나서 함께 싸우자고 했다. 더 많은 비정규직 노동자가 조직되어 싸웠고 정규직으로 전환되었다. 이들은 정규직 노동조합의 집행부로 일하면서 계속되는 분사와 고용 불안정에 맞서 고용 안정을 지키고자 분투했다.

처음에는 정규직이 되면 '고생 끝, 행복 시작!'이라고 생각했을 것이다. 비정규직일 때보다 많은 임금을 받고, 안정된 고용을 누릴 수있었다. 그간의 고생을 다들 아는 만큼, 나아진 노동조건에 안주하며 살아도 뭐라 할 사람은 없었을 것이다. 그러나 이들의 생각은 달랐다. 자신들이 정규직으로 전환되더라도 여전히 회사에는 비정규직이 남아 있을 테고, 차별이 계속되는 한 자신들이 정규직으로서누리는 권리는 의미가 없다고 생각했다. 그래서 자신들뿐만 아니라모든 노동자의 안정된 노동을 위해 계속 활동하고 있다.

이들이 꿈꾸는 세상은 단지 몇 사람이 정규직이 되는 세상이 아니다. 이들은 정규직이 되었더라도 다른 이들을 짓밟고 혼자 살아남아야 한다면 결코 행복할 수 없다는 것을 안다. 모든 노동자가 행복하고 자유롭게 살아갈 수 있고, 자신의 노동을 통해 자부심을 느끼며, 안정적으로 생활할 수 있는 것이 인사이트코리아 노동자들이바라는 세상이었다. 정규직이 되고 나서도 계속 노동조합 활동을하고 다시 싸울 수밖에 없었던 이유이다.

한 사업장에서 정규직이 되는 것의 의미

인천공항의 어느 비정규직 노동자는 자신들의 싸움을 "뒷산에올라가려고 가벼운 차림으로 나섰는데, 오르다 보니 에베레스트 산에 있는 것처럼 느껴졌다."고 비유한 적이 있다. 처음에는 아주 작은 불만, 조금이라도 임금을 올려야겠다는 소박한 요구에서 출발했다. 세계 최고의 서비스를 제공하는 공항으로 꼽히는 인천공항이니, 뭉쳐서 임금을 인상하자고 하면 어느 정도는 가능할 줄 알았다. 그런데 노동조합을 만들고 나니 회사는 "도급 금액이 정해져 있어서 임금을 올릴 수 없다."고 말했다. 진짜 고용주인 인천공항은 자신의 책임이 아니라고 말했다. 하지만 노동자들은 인천공항공사야말로 진짜 사장이라는 사실을 알게 되었고 인천공항공사에 노동자들의 노동조건을 개선하라고 요구했다. 그런데 인천공항에 요구하니 인천공항공사는 '정부 지침'이 있어야 한다고 말한다. 이제 정부와의 싸움이 되어 버렸다. 소박할 정도의 임금 인상을 요구한 것이 결국 정부와 대결하는 상황으로 이어지니, 노동자들은 갑자기 큰 산을 만난 듯한 암울함을 느꼈다고 했다. 그래서 이들은 '직접 고용'을 하라는 요구를 꺼냈다. 비정규직이라는 현실 때문에 아주 작은 요구조차 달성하기 어렵다면, 결국 정규직이 되는 수밖에 없다고 생각한 것이다.

비정규직 노동자들은 기업을 상대로 싸울 때 '정규직화'를 적극 요구하곤 했다. 내가 열심히 일해도 차별적인 대우를 받고, 권리를 주장하면 해고당하고, 소박한 요구조차 쉽게 해결되지 않는 것은 '정규직' 신분이 아니기 때문임을 깨달은 것이다. 그래서 비정규직의 한계를 느낀 노동자들에게 '정규직화' 요구는 매우 중요하다. 쉽지 않은 요구이지만 그래도 꾸준한 투쟁을 통해 정규직 전환을 이

룬 노동자들이 있다. 2000년에는 이랜드 노동자들이, 그리고 앞서 살펴본 인사이트코리아 노동자들도 3년 넘게 싸워 정규직으로 전환되었다. 서울대병원·경북대병원 등에서도 비정규직들이 직접 자기 권리를 주장하고 정규직과 연대한 끝에 정규직으로 전환되었다.

이들이 정규직화를 요구한 것은 나만 정규직이 되겠다는 의미가 아니었다. 앞으로는 비정규직을 만들어서 노동자들을 괴롭히지 말라고 기업에 요구한 것이었다. 그래서 투쟁하는 노동자들은 선별적인 정규직화에 반대해 왔다. 현대자동차 사내 하청 노동자들도 마찬가지였다. 대법원에서 정규직 전환 판결을 받은 최병승 씨에게 회사는 정규직 발령을 냈다. 고생 끝에 찾아온 기회였다. 그러나 그는 이 판결이 자신만을 정규직으로 전환하라는 의미가 아니라고 생각했다. 사내 하청 구조가 잘못임을 말해 주는 판결이므로 현대자동차의 사내 하청 구조 자체를 없애야 한다고 생각했다. 그래서 "모든 사내 하청을 정규직으로!"라는 요구를 내걸고 철탑 고공 농성을 시작했다. 쉽지 않은 결단이었다. 하지만 몇 명만 정규직이 되고, 다시 그 자리를 새로운 비정규직 노동자가 채운다면 이 싸움은 의미가 없다고 판단한 이들은 비정규직 구조를 없애고자 노력해 왔다.

투쟁을 통해 정규직이 된 노동자들은 이것이 자기만의 문제가 아님을 안다. 자신만 정규직이 되어서 신분 상승을 한들, 자기가 정규직이 되면서 그 빈자리에 다시 비정규직이 채워지고 더 많은 비정규직이 양산되는 등 문제의 고리가 끊어지지 않을 것임을 알기 때문이다. 따라서 비정규직을 채용하는 고용구조를 문제 삼지 않는 한, 일부 노동자가 정규직이 되더라도 일터에서 발생하는 차별을 없애거나 비정규직 비율을 줄이지는 못한다. 회사나 정규직 노조가 제공하는 시혜를 기다리지 않고 비정규직 노동자들이 나서서 현재의 고용구조를 바꾸고자 노력해야만 비정규직을 없애는 정규직화가 가능해진다.

정규직이 되면 모두 행복할까

정규직이 된다는 것은 신분 상승처럼 여겨진다. 그러나 이조차 규모 있는 회사의 정규직일 때의 이야기이다. 한국은 기업 규모에 따라 임금격차가 큰 편에 속한다. 2013년 중소기업의 임금수준은 대기업의 63퍼센트에 불과했다. 중소기업은 빈번한 이직을 줄이고자 정규직 전환을 시행하기도 한다. 하지만 중소기업은 정규직이 되어도 고용이 불안정하거나 비정규직일 때와 비교해 임금 및 노동조건이 크게 달라지지 않아서 정규직이 되려는 의지를 불러일으키는 데 한계가 있다. 이는 대기업이 작은 회사들을 하청 계열화하면서 단가 인하 압력을 넣어 성장을 가로막기 때문이다. 게다가 규모가 작은 기업일수록 부도나 휴·폐업이 잦아 고용이 안정적이지 않다. 5인 미만 사업장에서는 정규직도 손쉽게 해고될 수 있다. 휴업수당, 연장 근로 제한, 가산 임금 규정 등이 적용되지 않아 노동조건은 열악하다.

그렇다면 대기업이나 어느 정도 규모 있는 기업의 정규직들은 행복할까? 한국 대기업 노동자들의 장시간 노동은 유명하다. OECD 통계에 따르면, 2011년 현재 한국 노동자들은 연평균 2,090시간을 일한다. 멕시코에 이어 두 번째로 많이 일하는 셈이다. 사무직이라도 오후 6시에 끝나는 직장을 찾아보기 힘들고, 생산직 또한 평일 연장 근로, 휴일 특근으로 매일매일 일하고 있다. 문화적인 삶을 누리거나 자신을 위한 시간을 내지 못하고, 일만 하는 기계처럼 살아간다.

미래가 불안해서 장시간 일하는 것이기도 하다. 툭하면 구조 조정을 하고, 툭하면 정리 해고와 희망퇴직으로 노동자를 압박한다. 연봉제를 도입하면서 삼진 아웃제 등을 시행해 연봉이 연이어 오르지 못하면 알아서 나가라는 압력에 시달린다. 이런 상황에서 안정된 직장에 다니고 있다고 여기는 사람이 얼마나 될까? 그래서 일단 기회가 될 때 벌자고 생각한다. 언제 회사를 떠날지 모르니 더 열심히 일해 자리를 지키자고 다짐한다. 미래에 대한 전망을 세울 수 없어서 다른 곳에 강박적으로 매달린다. 본인의 소득에 의존하지 않고도 살길을 찾고자 주식에 매달리거나 부동산 투자를 빙자한 투기에 휩쓸린다.

현장 통제도 심각하다. 그나마 노동조합이 있으면 노동자를 감시하고 통제하거나 노동 강도를 높이는 상황을 어느 정도 막을 수 있을지 모르지만, 대부분의 노동자들은 곳곳에서 감시받고 통제당한다. 가령 증권회사들은 회사 안에서 이루어지는 모든 통화 내용을 녹음한다. ERP 시스템(전사적 자원 관리 시스템)으로 직원들의 업적이나 성과가 체크되고, 출입 시 R/F 카드 활용 및 CCTV 설치 등을 통해 동선이 파악된다. 무한 경쟁을 요구하는 회사에서 조금이라도 능력을 갖추고자 새벽잠을 줄여 가며 각종 학원에 다니고, 승진하기 위해 과도한 노동을 마다하지 않는다. 대기업 정규직 노동자들도 행복하지 않다.

그리고 최근에는 이름만 정규직일 뿐 왜곡된 고용 형태들도 등장하고 있다. 노동자들의 정규직 전환 요구가 커지자, 정부도 이에 대응하고자 공공 부문부터 정규직화하겠다면서 내놓은 것이 무기 계약직이었다. 하지만 현장에서는 호봉제도 제대로 적용되지 않았고 기존의 차별 또한 유지되었다. 업무가 통폐합되거나 평가에서 좋은 점수를 받지 못하면 해고될 가능성이 높다. 구조 조정 1순위이기도 하다. 또한 '단시간 정규직'이라는 고용 형태가 만들어졌지만 단시간 계약직으로 귀결할 가능성이 높다. 기업과 정부는 '자회사 정규직'이라는 개념도 만들었다. 그러나 실제로 이들은 용역과 다름없다. 한국철도공사의 자회사인 코레일관광개발에서 일어난 사례를 보면, 원청회사인 철도공사의 도급 금액에 의해 임금과 노동조건이 결정되므로 하청 업체와 다를 바 없는 조건으로 일하고 있다. 이처럼 '정규직'이라는 이름이 붙어 있지만 정규직이라고 볼 수 없는 노동자가 늘고 있다. 그러니 정규직이 되었다고 해서 행복해지지 않는다. 고용 불안감이 사라지는 것도 아니다.

이미 우리 사회는 정규직이든, 비정규직이든 행복하게 일하면서 살아가기가 어려워졌다. 노동을 하찮게 여기고, 노동의 가치를 점차 별것 아닌 것으로 치부하는 사회에서 노동이 과연 기쁨이 될 수 있을까? 비정규직 노동자들 또한 '행복하지 않은 정규직'이 되려고 고생하는 것은 아니다. 비정규직이라는 이름 아래 빼앗긴 권리, 안정된 생활의 권리, 노동조건을 결정하는 데 개입할 권리, 함부로 해고당하지 않을 권리 등을 누리고자 노력하는 것이다. 그리고 무엇보다도 나뿐만 아니라 모두가 행복할 권리를 위해 노력하는 것이다. 정규직으로 고용되었을 때 누릴 수 있는 권리는 이 가운데 일부에 불과하다. 노동의 가치가 존중되고 노동자들의 집단적 힘이 커졌을 때 비로소 온전한 권리가 보장될 수 있다.

비정규직 체제를 넘어선 다른 세상을 만들자

행복해지려면 비정규직을 철폐해야 한다. 그런데 '비정규직 철폐'와 '정규직화'가 같은 의미는 아니다. 정규직이 된 뒤에도 장시간 노동을 해야만 먹고살고, 온종일 회사에 매이고, 비정규직과 비교해 허구적 우월 의식에 사로잡혀 다른 이들을 차별하고, 비정규직을 고용의 안전판으로 여겨 비정규직을 늘리는 데 찬성하고, 혼자라도 살아남으려 상사에게 아부하고 경쟁하고, 미래가 어찌될지 알 수 없어 불안해하며, 주식 투자에만 몰두하는 삶이 남아 있을 뿐이라면, 이는 우리가 택해야 할 삶일 수 없다.

불안정과 빈곤은 우연히 나타난 한시적 현상이 아니다. 현재 우리 사회에 필연적으로 내재한 속성이다. 세계적인 경제 위기 속에서 기업은 노동자들을 불안정하고 빈곤하게 만들어야 간신히 이윤을 축적할 수 있고, 노동권을 빼앗아 노동자들이 저항할 수 없게 해야만 기업을 유지할 수 있다. 생산력이 발전했어도 기업들은 여전히 경쟁하며 살아남기 위해 노동자의 처지를 돌보지 않는다. 이 과정에서 승자는 없다. 뭔가 잘못되었다는 것을 알면서도 '브레이크 없는 자전거'를 탄 것처럼 당장 살아남기 위해 멈추지 못하고 달려가는 격이다.

비정규직 노동자들은 낮은 곳에 있기에 많은 것을 깨달을 수 있다. 비정규직과 정규직의 차별이 여실한 현장에서 기업들의 교묘한 노동자 통제가 얼마나 심각한지를 느꼈고, 고용 형태가 다르다는 이유만으로 임금과 노동조건을 악화시키고 노동자들을 일회용품처럼 버리는 모습을 보면서 이곳이 노동자들의 존엄성을 무시하는 사회임을 알았다. 투쟁하고 권리를 찾아가면서 얼마나 많은 이들이 지금의 사회에서 고통 받는지를 확인했고, 정규직 노동자들의 요구와 비정규직 노동자들의 요구가 다르지 않다는 것을 알게 되었다.

기륭전자 노동자들은 2014년 말과 2015년 초 '비정규직·정리해고 없는 세상을 위한 오체투지 행진'을 했다. 오체투지는 말 그대로 온몸을 땅바닥에 대고 절하며 한 걸음씩 앞으로 나아가는 것이다. 몸을 가장 낮게 하며 드리는 기도이다. 그들은 오체투지를 하면서 "우리는 비정규직에 대한 차별을 없애는 것이 아니라, 비정규직 자체를 없애기를 원한다."고 말했다. "상품이 아니라 인간으로 인정받고, 경쟁이 아니라 평등한 공동체를 구성하며, 서로를 존중하는 사회가 되게 하기 위해 몸을 낮춰 새로운 세상을 향해 간다."고도 말했다.

비정규직 노동자들이 "비정규직을 철폐하라."고 말하는 것은 단순히 정규직 고용으로 전환하라는 요구가 아니다. 노동자를 차별하고, 서로 경쟁시키고, 노동권을 없애며 삶의 전망마저 없애고서야 간신히 유지되는 지금의 사회를 이런 식으로 유지하지 말자고 이야기하는 것이다. 부는 쌓여 가는데 모두가 불안해하는 사회를 돌아보면서, "아직도 부족하니 더 빨리, 더 많이, 그리고 노동자들은 더 적게!"를 외치는 이상한 질주를 이제 멈추자는 의미이다. 더 많은 사람들의 삶을 파괴하고, 공동체를 무너뜨리며, 불안에 의해서만 유지될 수 있는 사회라면, 그 사회는 발전은커녕 유지하기도 어렵다고 말하려는 것이다.

"비정규직을 철폐하자."고 말함으로써, 비정규직이 당연한 것이 아니라고 생각하는 사람들의 힘을 모으고자 한다. 개인적으로 열심히 노력하면 비정규직이 정규직으로 될 수도 있을 것이다. 간혹 그것이 가능한 기업이 있을지도 모른다. 열심히 목소리를 내면 비정규직과 관련한 법과 제도를 조금씩 개선할 수도 있을 것이다. 하지만 이렇게 해서는 비정규직 노동자들의 고통을 근본적으로 없앨 수 없다. 그래서 우리는 "비정규직을 만들어서만 유지되는 이 사회를 이제 인정하지 않겠다", "우리 삶의 권리는 우리 스스로 찾고 지키겠다", "노동하는 사람이 제대로 살 수 있는 사회를 만들겠다."고 말하는 것이다. 우리는 이를 비정규직 없는 세상, 노동자들이 차별받지 않는 세상이라고 부르고, 이를 만들기 위해 '비정규직 체제의 철폐'를 주장하는 것이다.

물론 비정규직 체제가 어느 날 갑자기 철폐되거나, 그저 외친다고 해서 현실이 될 수는 없다. 차별을 민감하게 느끼고 저마다의 현장에서 조금씩 차별을 없애려는 노력, 비정규직 제도를 고치거나 더 나빠지는 것을 막아서 비정규직의 확산을 줄이려는 노력, 임금을 조금이라도 올리려는 열망 등에서 비정규직을 철폐할 맹아가 형성된다. 그렇기 때문에 비정규직 노동자들이 수행하는 모든 싸움, 그리고 이들과의 연대가 소중하다. 동시에 그 싸움이 지향해야 할 바를 명확하게 해야 한다. 현실에 안주하는 순간, 애써 얻은 성과가 물거품이 될 수 있기 때문이다.

비정규직 철폐의 가능성을 높이는 것은 비정규직 노동자들의 집단적 의지이다. 특정 개인의 노력 및 권력에 기대거나 누군가의 시혜를 기대해서가 아니라, 노동자들이 손을 맞잡고 싸워 나가는 힘과 노력으로 변화를 가져오겠다는 의지이다. 그런 점에서 '비정규직 철폐'는 이것을 염원하는 사람들을 불러 모으고자 하는 의지이다. 지금 비정규직 노동자들은 현실을 몰라서가 아니라, 그 현실이 바뀔 것이라고 믿지 않기 때문에 움직이지 않는다. 그러나 바뀌지 않는 현실은 없다. 좋게 바뀌든 설사 더 나쁘게 바뀌든, 현실은 어디론가 흘러간다. 그러니 이제 냉소에서 벗어나 집단적으로 모여 보자.

당장의 문제를 해결하는 데 힘을 쏟는 한편으로, 모든 노동자의 권리가 보장될 수 있게 비정규직 체제 철폐를 지향해야 한다는 점을 기억하자. 그 속에서 작은 실천을 만들어 내면서 우리의 힘을 키워 가자.

변화는 시작되었다

"과연 이 세상이 변화할 수 있을까?" 많은 사람이 묻는다. 변화는 가능하다. 세상은 그렇게 믿고 바라며 행동하는 이들에 의해 달라져 왔다. 비정규직 노동자들이 권리를 찾는 것은 단지 비정규직 노동자들뿐만 아니라 일하는 모든 이들이 권리를 찾는다는 의미이다. 그러므로 비정규직들의 투쟁은 앞으로 나아가는 진보이다. 비정규직 투쟁은 누가 대신 권리를 찾아 주기를 기다리는 것이 아니라 스스로 하겠다고 나서는 '행동'이다. 자신의 힘과 노력을 들여서 싸워 얻어 내야만 자신의 권리가 된다. 그러므로 비정규직 문제를 걱정하는 이들이라면 누군가를 대신해 투쟁할 것이 아니라 '연대'해야한다.

사회 전체의 희망을 위한 싸움

비정규직 노동자의 권리 찾기는 이윤 중심의 사회를 인간 중심의 사회로 변화시킨다. 경기도 공립 유치원의 임시 교사들은 7년 동안 싸워 상시 고용을 인정받았다. 이들이 그렇게 할 수 있었던 힘은 무엇일까? 바로 아이들에게 부끄럽지 않으려는 마음이었다. "누군가가 너를 때리면 아프니까 때리지 말라고 당당하게 이야기하라."고 가르쳤던 것처럼, 자신들 또한 부당한 대우를 겪었을 때 똑같이 대응한 것이다. 이들이 열심히 투쟁한 것은 아이들에게 당당하기 위해서였다. 돈보다 교육을, 경쟁 논리보다 공동체의 가치를, 수동적인 태도보다는 적극적으로 자신의 삶을 개척하는 의지를 보이기 위해서였다. 학교 현장에서 차별이 없어야 아이들을 제대로 가르칠 수 있기 때문이다.

병원 노동자는 또 어떤가? 병원이 비정규직 노동자를 고용하는 것도 더 많은 이윤을 남기기 위해서다. 어쩌면 환자에 대한 책임보다 당장의 비용 절감을 중시하는지도 모른다. 돈을 아끼려고 환자에게 제공되는 식사를 외주화하고 외주 업체들을 경쟁시키는 병원이 환자들에게 제대로 된 영양식을 공급할까? 돈을 아끼려고 계약직 간호사를 쓰는 병원이 환자에게 더 좋은 의료 환경을 제공하려고 애쓸까? 비정규직 노동자가 많은 병원에서는 환자들 또한 돈벌이 수단으로 전락하기 쉽다. 그래서 노동자들을 직접 고용하고 비정규직 노동자를 정규직으로 전환하라는 요구는 환자들을 제대로 책임지라는 요구이기도 하다. 병원 비정규직 노동자들의 투쟁은 결국 병원의 공공성을 지킬 수 있게 한다.

판매 노동자들의 사정도 비슷하다. 고객에게 건방져 보인다는 이유로 의자도 없이 다리가 퉁퉁 부은 채 서있는 노동자들이 진심으로 친절할 수 있을까? 얼굴 근육을 쓰고 입꼬리를 위로 올리는 훈련을 받으면서 강제로 짓는 웃음을 본 고객은 친절을 느낄까? 무릎을 꿇고 앉아 서비스를 하는 노동자들이 진심을 다해 고객들을 대할 수 있을까? "사랑합니다, 고객님!"을 외친다고 해서 그렇게 믿을 사람은 없다. 기계처럼 웃으며 친절을 팔지만, 노동자들은 속으로 울며 고통스러워한다. 희로애락에 무감각해지기도 한다. 노동자들이 행복하지 않는 한 진정한 친절도 없다.

돈만 중시하고 일하는 사람들을 무시하는 사회에서는 모두가 불행하다. 우리는 서로의 노동에 기대어 살아간다. 누군가가 청소를 해야 하고, 누군가는 물건을 만들고, 또 누군가는 물건을 판매해야 한다. 노동이 즐겁다면 우리는 즐겁게 살아갈 수 있다. 그런데 아무리 일해도 생계가 어렵고 고용이 불안하다면, 그것을 만드는 이들이나 판매하는 이들 모두 행복할 수 없다. 그래서 비정규직 노동자들의 투쟁은 불행한 사회에 희망을 다시 만들어 가는 싸움이다.

비정규직들이 사회를 변화시킬 수 있다

　누가 사회를 변화시킬 것인가? 기업이나 정부가 지금의 비정규 체제를 변화시키기는 어렵다. 비정규직이 늘어나면 사회가 나빠진 다는 것은 기업과 정부도 잘 알고 있다. 일본 후생성은 2010년『노 동경제백서』에서 비정규직 증가가 심각한 문제라면서, 근로자 파견 규제를 완화한 것이 계층 간 격차를 크게 벌렸고, 이것이 일본의 내 수 부족에 따른 경기 침체 장기화의 원인이라고 지적했다. 1997년 부터 2007년까지 연간 수입이 1백만~2백만 엔대 중반에 불과한 비 정규직이 크게 늘면서, 계층 간 격차가 확대되었을 뿐만 아니라 임 금 저하에 따른 소비 증가 억제로 이어졌다는 것이다. 게다가 사회 전체적으로 비정규직 고용이 일반화되자, 기업들이 노동자들을 충 분히 교육하기보다는 즉각 활용할 저임금 노동자를 선호하는 경향 이 생겼다고 한다. 그 결과 기업의 기술도 승계되지 않고 인재도 육 성되지 않아 기업 경쟁력이 떨어지고 있다고 분석한다.

　일본에만 해당하는 이야기가 아니다. 2008년 LG경제연구원이 발표한 보고서 "기업 전략과 제도가 성과에 미치는 영향"에 따르면, 비정규직 노동자의 비율이 해당 업종의 평균 이상으로 높은 기업은 성과를 내지 못할 확률이 높다. 외환 위기 이후 기업들이 노동비용 을 절감하고 경영 성과를 개선하기 위해 비정규직 비율을 높여 왔 으나 결과는 오히려 부정적이었다는 것이다. 비정규직 비율이 과도 하게 높으면 조직 전반의 충성도나 작업 몰입도, 생산성 향상 유인 등이 떨어져 인건비 절감 효과가 상쇄되기 때문이라고 한다. 비정규직 활용이 장기적으로는 기업에 이롭지 않은 것이다.

그뿐만 아니라 비정규직이 늘어나면 사회적인 비용도 증가한다. 노동자들이 취업과 실업을 반복하기에 정부와 사회가 부담하는 비용도 높아진다. 현재 이 같은 비용을 개인과 가정이 감당하고 있지만 점점 사회적으로 큰 문제가 될 것이다. 가족에게 부담이 될까 걱정해 목숨을 끊는 노인이나 '일하는 빈곤층'이 점점 늘고 있다. 하나같이 심각한 가정 해체 현상으로 이어진다.

그럼에도 비정규직이 계속 늘어나는 것은 기업이나 정부가 단기적인 이윤만을 좇기 때문이다. 기업들은 신자유주의적 경쟁에 내몰려 단기적으로 이익을 늘려야만 살아남을 수 있다고 믿고 비정규직의 비중을 늘린다. 정부는 그런 기업의 요구를 정책적으로 뒷받침한다. 오로지 이윤만을 위해 존재하는 기업과 그런 기업을 위해 존재하는 정부는 노동자를 돌보지 않는다. 이들의 삶은 피폐해져 간다. 이를 계속 용납할 이유는 없다. 이제 비정규직 노동자들이 이 같은 비정규직 체제가 확산되지 못하게 하고 노동자의 권리를 되찾아야 한다.

물론 비정규직 노동자들은 해고의 위협 탓에 목소리를 내지 못하기 쉽다. 법도 노동자들에게 우호적이지 않다. 그럼에도 이들은 때로 더 큰 힘을 발휘한다. 차별받아 왔기에 차별받는 노동자들과 더 잘 연대할 수 있고, 쉽게 해고되어 왔기에 한 기업에 집착하지 않는다. 더 잃을 것이 없으므로 불합리한 상황에 처했을 때 최선을 다해 싸우기도 한다.

비정규직은 그동안 정부가 만들어 놓은, "기업이 살아야 내가 살 수 있다."는 이데올로기를 인정하지 않는다. 경쟁에서 이기는 자가 살아남는다는 생각도 받아들이지 않는다. 비정규직 투쟁의 폭발력은 특정 기업 안에서의 싸움에 머물지 않고 사회의 구조와 정치의 변화를 향해 나아갈 수 있다. 그래서 연대할 수 있다면, 현재 무권리의 상태를 받아들이지 않는다면, 지금의 법과 제도를 우리 힘으로 바꿀 수 있다는 사실을 믿는다면, 그리고 우리의 투쟁이 단지 몇몇 비정규직 노동자들을 위해서뿐만 아니라 전체 사회를 변화시키는 힘이 된다는 것을 믿는다면, 그 누구도 짐작하지 못하는 큰 힘이 생길 수 있다. 그 힘을 통해, 앞서 이야기한 모든 노동자들의 권리를 현실로 만들 수 있게 될 것이다. 그런 현실을 만들기 위해 정책의 방향을 바꾸고 사람들의 삶의 가치를 바꿔 낼 때 우리는 권리를 찾을 수 있다. 세상은 그렇게 변해 왔다.

권리를 인식하고 집단적인 힘을 갖자

권리를 찾으려면 집단적인 힘이 있어야 한다. 아무리 능력이 출중해도, 자본주의사회에서 노동자 개인은 약자일 수밖에 없다. 자격증을 위해 도서관에서 공부를 하고 '스펙'을 쌓고자 학원을 찾아도 개인은 비정규직 체제 안에서 흔들리는 운명을 피하기 어렵다.

비정규직 노동자들의 조직률은 3퍼센트에 미치지 못한다. 사회를 향해 발언할 수 없고 영향력도 갖기 어렵다. 이제는 비정규직 노동자들이 모임을 만들고 자신을 드러내며, 우리의 삶을 우리가 책임지겠다고 말해야 한다. 그래야만 비정규직을 양산하는 사회 현실을 바꿀 수 있다.

우리 사회에서 권리를 찾는 모임의 기본적인 형식은 노동조합이다. 원래 단결권이나 단체교섭권, 단체행동권은 노동조합의 권리가 아니라 노동자 개개인의 권리이다. 노동자들이 단결하고 싶다면 조건 없이 조직을 만들 수 있어야 하고, 그렇게 만들어진 조직에 상응하는 책임 주체들은 교섭에 나와야 한다. 그리고 노동자들은 형사처분 없이 파업을 비롯한 집단행동을 할 수 있다. 이것이 노동법의 기본 정신이다. 하지만 우리나라의 노동법이나 고용노동부는 노동조합 신고서마저 임의로 반려해 허가제처럼 만든다. 단체교섭을 할 수 있는 조직의 결성 조건도 까다로워, 조직을 만들더라도 단체교섭을 하기가 어렵다. '합법' 파업은 불가능할 정도이다. 법에 정해진 절차를 다 지키더라도 요구 사항이 임금 등 노동조건과 관련되지 않으면 불법 파업이라고 규정한다. 노동조합을 과격한 투쟁 집단으로 여기는 사회 인식도 만연해 있어서, 노동조합으로 단결하는 것이 헌법으로 보장되고 세계인권선언에서도 강조되는 기본 권리라는 사실은 무시된다.

현재 거의 유일하게 법적으로 권리를 인정받는 조직인 노동조합을 만드는 일은 중요하다. 다만 '비정규직' 노조는 법적 권리를 제대로 보장받지 못하므로 임금 협상을 하거나 단체협약을 맺기 어려울 수 있다. 하지만 노동자들이 꼭 자신의 사용자만을 대상으로 임금 협상 및 단체협약을 해야 하는 것은 아니다. 법적·제도적 문제나 정부 정책의 모순을 지적하면서, 제도를 더 낫게 만들기 위해 집단적으로 요구하며 투쟁할 수 있다면 어떤 형태의 행동이어도 좋다.

노동자들의 권익을 위해 만들어지는 조직이 반드시 공식적·법적 단체일 필요는 없다. '권리 찾기 모임' 등 서로 고민을 나누며 연구하는 모임들도 이미 활동 중이다. 요양 보호사들은 '요양 보호사 협회'에 모여 제도 개선을 모색하거나 지역별 모임에서 노동자들에게 일자리 정보를 제공하기도 한다. 출판 노동자는 인터넷 카페를 개설해 권리 찾기 모임을 시작했고, 우체국 노동자들이나 삼성전자서비스 노동자들은 스마트폰을 이용한 '밴드'를 활성화해 어울리고 있다. 다양한 방식을 활용해 더 많이 모이고 더 많이 이야기해야 한다. 비정규직 노동자가 실제로 얼마나 많은지를 알게 되면 나를 괴롭히고 힘들게 한 문제들이 사실은 모두의 문제였다는 사실을 알게 될 것이다.

이들 모임은 집단적인 행동으로 발전할 필요가 있다. 물론 행동에 나서기는 쉽지 않다. 그러나 개개인의 힘을 하나로 모으기 위해 노력해야 한다. 하나로 모인 힘은 회사 안에서 우리의 요구를 이야기할 뿐만 아니라 사회를 바꾸는 데도 써야 한다. 비정규직 체제를 용납하지 않겠다고 말하며 집회 및 시위도 하고, 발언대를 만들어 서명 운동도 하고 문화제도 열어야 한다. 그렇게 여러 행동이 이루어져 하나의 거대한 힘으로 전환할 때 비정규직 체제를 무너뜨리고 함께 사는 삶으로 한발 더 나아갈 수 있다. 그러나 그런 힘이 꼭 특정한 조직 형식을 가져야 하는 것은 아니다. 전국의 다양한 비정규직 모임들이 한 가지 의제에 대해 일시적으로 공동 행동을 할 수도 있고, 서로 정보를 교환하면서 결정적일 때 힘을 합하는 네트워크를 구성할 수도 있다. 이미 그렇게 각각의 모임을 연결하는 시도가 이루어지고 있다.

새로운 삶을 지향하자

서로 경쟁하고, 다른 이보다 더 많은 임금을 받고자 하며, 다른 이들을 짓밟고라도 이기려는 것이 인간의 본성이니, 평등한 관계와 모든 노동자의 행복을 지향하는 것은 꿈에 불과하다고 말하는 이들도 있다. 하지만 인간에게 이기심만 있는 것은 아니다. 세월호 참사 이후 유가족을 욕하거나 혐오 발언을 일삼는 이들도 있지만, 대다수의 시민은 유가족의 아픔에 공감하고 다시는 이런 일이 벌어지지 않도록 힘을 합해야 한다고 생각한다. 사람들에게는 이미 연대의 마음이 있다. 이기심을 자극하는 사회에서 얼마나 공동체를 지향할 수 있을지가 관건일 뿐이다. 경쟁을 앞세우며 이기적으로 살라고 다그치는 사회에서도 노동자들은 동료들과의 관계를 중시하면서 함께 살기를 소망한다.

2005년 한국지엠 창원 공장에서는 비정규직 투쟁을 물심양면으로 지원한 정규직 노동조합 간부들이 조합원들에게 불신임되었다. 다국적기업인 회사가 한국 공장에서 물량을 빼겠다고 압박하자 고용 불안에 시달린 정규직 노동자들이 비정규직 노동자들의 처지를 외면한 것이다. 이 일을 겪은 노동조합 간부는 사람에 대한 신뢰를 잃었다고 했다. 자기 살자고 비정규직을 버리는 정규직 노동자들에게 넌덜머리가 났다고도 했다.

그런데 해고당한 비정규직 노동자들 중 두 명이 50미터 높이의 회사 굴뚝에 올라가 해고자 복직을 요구하는 농성을 시작했다. 그러자 정규직 노동자들이 정말 미안해하면서 함께할 수 있는 일이 있는지 물어보기도 하고, 굴뚝 농성을 하는 비정규직 노동자를 응원하기도 했다. 정규직 노동조합 간부는 처음에는 그런 모습을 이해할 수 없었다고 했다. 정규직 노동자들이 자신들의 고용 안정을 위해 비정규직을 외면했던 마음과, 비정규직에게 미안해하는 마음 중 도대체 무엇이 진짜인지 알 수 없었다고 했다. 그러다가 한참 지나고서야 두 마음 모두 진짜라는 것을 이해하게 되었다고 했다. 고용이 불안정하고 물량이 떨어질까 걱정되어 비정규직을 고용 안전판으로 삼아 나 혼자라도 살고 싶은 마음이 한쪽에 있다. 그렇지만 다른 한편에 '사람이 이렇게 자기만 생각해서는 안 된다.'는 마음이 있다. 비정규직 노동자들을 보면 안타깝고 함께 연대하고 싶은 것이다.

그런데 기업과 정부는 그중 하나의 마음을 극대화한다. '다른 사람들을 짓밟지 않으면 네가 밟힌다.'고 말한다. 그런 사회에서 노동 자들은 함께 살고 싶은 마음을 누르고 경쟁에 휘둘린다. 하지만 우리는 감춰진 나머지 한쪽의 마음을 꺼낼 수 있다. 연대를 시작하면서 함께 살고자 하는 바람은 현실화되고 있다.

우리는 어떤 세상을 꿈꾸는가? 설사 비정규직이 없어지고 정규직이 되더라도, 여전히 노동권이 박탈당하고 장시간 노동에 매여 살아가거나 소비의 노예로 살아간다면 불행한 일이다. 우리는 모든 노동자의 권리가 보장되는 사회를 꿈꾼다. 그런데 억눌려 있던 사람들일수록 권리도 매우 소박해진다. 저임금 노동자일수록 임금 요구안이 낮다. 인간으로서 누려야 할, 그리고 지금처럼 어마어마하게 발달한 생산력 수준에서 우리가 누릴 수 있는 꿈을 마음껏 꾸어야 한다. 그것이 우리 사회가 지향해야 할 방향이기 때문이다.

이제 우리가 누려야 할 권리를 마음껏 이야기하자. 모든 사람은 생활할 수 있는 임금을 받아야 한다. 최저임금은 말 그대로 최저선일 뿐이다. 일하는 사람 모두가 미래를 두려워하지 않아도 될 임금을 받아야 한다. 누구든 함부로 해고되어서는 안 된다. 큰 잘못을 저지르지 않았고, 내가 일하던 일자리가 상시적이라면 내가 원하는 한 계속 일할 수 있어야 한다. 나의 노동조건에 개입하고 결정할 권한이 나에게 있어야 한다. 나이와 성별, 담당 업무를 이유로 차별받지 않아야 하며, 일하지 못하게 되었을 때 생계를 보장받아야 한다. 노동자는 시간과 공간의 주체가 되어야 하며, 일하는 사람과 고객은 서로 존중해야 한다. 노동자는 일에 대한 자율성을 가질 수 있어야 하고, 더 짧은 시간 일해야 한다. 개인적인 소비와 만족을 통해 즐거움을 느끼는 것이 아니라 이웃과 더불어 창의적인 활동을 하는 데서 즐거움을 느낄 수 있어야 한다.

세상을 바꾸자

지금도 비정규직은 늘어나고 있다. 정부와 기업은 노동자들을 더 쥐어짜 낸다. 더 많은 비정규직을 만들고 이들을 더욱더 가난하게 만든다. 초고층 건물이 하늘을 찌르는데 가난한 이들의 아우성도 하늘을 찌른다. 사상 최고의 주식배당을 받는 재벌 총수들은 가진 돈을 주체할 수 없는데, 그 재벌 기업의 노동자는 "배가 고프다."라는 유서를 남기고 목숨을 끊는다. 우리에게 남은 '희망'은 경쟁에서 이기는 것뿐이라고 말하는 이도 있다. 하지만 원래 우리의 희망은 경쟁에서 이기는 것이 아니었다. 다만 우리가 개별화되어 있고 앞으로 나서려고 하지 않아서 우리의 권리를 이야기하지 못했기에 그것이 희망인 것처럼 왜곡되었을 뿐이다.

그 길을 열고자 권리를 외치기 시작한 사람들이 있다. 비정규직 노동자들이 노동조합을 만들어 임금을 인상하고, 차별을 없애고, 정규직으로 전환하고, 더는 인격을 훼손하지 말라고 외치고 있다. 단식을 하고, 고공 농성을 하고, 차가운 길거리에서 농성을 하고 있다. 밀려날 곳이 없는 이들의 싸움을 바라보는 마음은 착잡하다. 희망이 없어 보인다. 하지만 함께해 본 사람들은 이 싸움이 얼마나 인간적이고 희망적인지를 안다. 앞이 보이지 않는 긴 싸움을 하면서도 매일 기적을 체험한다. 돈 한 푼 없이 내몰렸음에도 누군가가 계속 후원을 하고, 생면부지의 사람들이 찾아와 농성장을 함께 지키고, 응원의 손길이 이어진다. 이 싸움이 정당하다고 생각하는 이들의 격려와 응원으로 힘을 얻어 간다. 그렇게 싸움은 점차로 커지고 있다.

우리에게 필요한 것은 변화의 희망이다. 1987년 7~9월에 2천 개가 넘는 노동조합이 조직되었다. 모두가 숨죽이고 있다고 생각하던 시절에도 변화를 갈망하는 마음은 그렇게 컸다. 그 힘으로 노동자들은 사회적인 권리를 조금씩 인정받기 시작했다. 두발 단속을 없애라는 것이 요구 사항일 만큼 작업 현장에서 제대로 대접받지 못하던 노동자들이 작은 권리나마 누릴 수 있게 된 것도 그렇게 힘이 모였기 때문이다. 물론 지금은 이 작은 권리마저 빼앗기 위해 기업과 정부가 '노동귀족' 운운하면서 정규직이 양보하라고 소리치고 있기는 하지만 말이다.

지금도 많은 이들이 불만과 분노를 갖고 있다. 이게 사는 건지를 자문한다. 기업뿐만 아니라 정부는 이를 무마하고자 여러 가지 복지 정책을 내놓고 정규직에게 공격의 화살을 돌리기도 한다. 그럼에도 자신의 처지를 자각하는 큰 흐름이 생겨나고 있다. 2008년 간절한 바람을 담아 촛불 집회에 나왔던 사람들, 2011년 희망버스를 타고 부산의 한진중공업에서 정리 해고가 없는 날을 기원했던 사람들, 그리고 2013년 말 철도 민영화에 반대하는 철도 노동자들의 파업에 힘을 보태며 응원했던 이들이 이제는 자신의 문제를 이야기하고 있다. 2014년 돈과 권력 때문에 304명의 목숨이 수장된 세월호 참사 이후, 생명보다 '돈'을 더 소중히 여기는 사회가 된 것을 반성하면서 '생명의 존엄과 권리'를 생각하는 이들이 세월호 참사의 진상 규명과 안전한 사회 건설을 위해 활동하고 있다. 변화는 이미 시작되었다. 자신의 권리가 무엇인지를 알고 요구하는 순간부터, 그리고 이를 자신의 실천부터 시작하되 다른 이들과 함께하기 위해 조직하는 순간부터 변화는 시작된 것이다.

그러니 이제 앞으로 나아가 보자. 이제부터 "나는 비정규직이지만 나에게는 권리가 있다."고 이야기하고 그런 이야기를 나누려는 이들을 많이 모아 보자. 정부와 기업을 향해 우리의 요구를 집단적으로 소리쳐 보자. 더 많은 이들이 함께할 광장을 만들고, 그곳에서 더 큰 힘을 확인하자. 우리 앞에는 제도적인 문제도 있을 것이고, 탄압도 있을 것이고, 힘든 노동에 지쳐 그저 쉬고만 싶기도 할 것이고, 삶이 불안정해서 더 많은 노동을 하느라 여유가 없을지도 모른다. 하지만 우리 스스로 삶의 주인이 되기 위해서라도 피곤함에 지지 말고, 때로는 탄압을 견뎌 내면서 앞으로 나아가 보자. 노동자들의 삶을 무너뜨리고 경쟁시키고 미래의 희망을 빼앗아 가는 것들로부터, 노동의 참된 가치를 실현하고 더불어 살아가는 힘을 되찾기 위한 우리의 노력을 시작해 보자.

후마니타스의 책 | 발간순

부러진 화살(개정판) | 서형 지음

냉전의 추억 | 김연철 지음

현대 일본의 생활보장체계 | 오사와 마리 지음, 김영 옮김

복지한국, 미래는 있는가(개정판) | 고세훈 지음

분노한 대중의 사회 | 김헌태 지음

워킹 푸어, 빈곤의 경계에서 말하다 | 데이비드 K. 쉬플러 지음, 나일등 옮김

거부권 행사자 | 조지 체벨리스트 지음, 문우진 옮김

초국적 기업에 의한 법의 지배 | 수전 K. 셀 지음, 남희섭 옮김

한국 진보정당 운동사 | 조현연 지음

근대성의 역설 | 헨리 임·곽준혁 엮음

브라질에서 진보의 길을 묻는다 | 조돈문 지음

동원된 근대화 | 조희연 지음

의료 사유화의 불편한 진실 | 김명희·김철웅·박형근·윤태로·임준·정백근·정혜주 지음

대한민국 정치사회 지도(수도권편) | 손낙구 지음

대한민국 정치사회 지도(집약본) | 손낙구 지음

인권을 생각하는 개발 지침서 | 보르 안드레아센·스티븐 마크스 지음, 양영미·김신 옮김

불평등의 경제학 | 이정우 지음

왜 그리스인가? | 자클린 드 로미이 지음, 이명훈 옮김

민주주의의 모델들 | 데이비드 헬드 지음, 박찬표 옮김

노동조합 민주주의 | 조효래 지음

유럽 민주화의 이념과 역사 | 강정인·오향미·이화용·홍태영 지음

우리, 유럽의 시민들? | 에티엔 발리바르 지음, 진태원 옮김

지금, 여기의 인문학 | 신승환 지음

비판적 실재론 | 앤드류 콜리어 지음, 이기홍·최대용 옮김

누가 금융 세계화를 만들었나 | 에릭 헬라이너 지음, 정재환 옮김

정치적 평등에 관하여 | 로버트 달 지음, 김순영 옮김

한낮의 어둠 | 아서 쾨슬러 지음, 문광훈 옮김

모두스 비벤디 | 지그문트 바우만 지음, 한상석 옮김

진보와 보수의 12가지 이념 | 폴 슈메이커 지음, 조효제 옮김

한국의 48년 체제 | 박찬표 지음

너는 나다 | 손아람·이창현·유희·조성주·임승수·하종강 지음

(레디앙, 삶이보이는창, 철수와영희, 후마니타스 공동 출판)

정치가 우선한다 | 셰리 버먼 지음, 김유진 옮김

대출 권하는 사회 | 김순영 지음

인간의 꿈 | 김순천 지음

복지국가 스웨덴 | 신필균 지음

대학 주식회사 | 제니퍼 워시번 지음, 김주연 옮김

국민과 서사 | 호미 바바 편저, 류승구 옮김